心を伝える

奄美の伝統料理

Traditional Amami Islands' cuisine ; heart and soul of a culinary journey

泉 和子

南方新社

目次

■行事の料理

■野菜の料理

三献（サンゴン）

元旦の朝は若水汲みから始まり、ご先祖さまに新年の感謝の気持ちを拝みます。

家長の「オショウロ（さしあげましょう）」の掛け声とともにサンゴンの儀式が始まります。餅の吸い物、刺身、豚肉か鶏肉の吸い物と３回、膳を代え、各膳の間々に家族全員に焼酎の杯がまわり、高膳の昆布と干魚やスルメを盛り塩につけて授けるという献立構成で、儀式を終えます。今年も良い年でありますように――。

＊「三献」は、吸い物や刺身の具材、数、器が家庭や地域によって異なります。

一の膳から三の膳まで揃えた三献「つけ込み」

一の膳（餅の吸い物）

◆材料（5人分）

椎茸…5枚　出し昆布…10 g　かつお削り節…30 g
水…5+½カップ　塩…小さじ1
薄口しょうゆ…小さじ1　酒…小さじ1
餅…5切れ　里芋…5個　魚（白身）…5切れ
沖縄かまぼこ…5切れ　車海老…5匹
卵…3個　フル（ニンニクの葉）…1本

◆作り方

①椎茸は洗い、椎茸が浸るぐらいの水で戻しておく。
②出し昆布は布巾で拭き、繊維に直角に切り込みを入れ、30分以上水に浸す。ふたをしないで弱火にかけ、沸騰直前に出し昆布を取り出し、沸騰させてかつお削り節を加え、再び沸騰したら火を止め、かつお削り節が沈んだら布かキッチンペーパーでこす。
③②に塩、薄口しょうゆ、酒で味を調え、吸い地を作る。
④椀種を準備する。（出し昆布は3cm角ぐらいに切る。餅は4cm角ぐらいに切り、軽く焼く。里芋は洗って塩ゆでにし、皮をむく。魚は厚身のものに薄塩をして焼く。かまぼこは1cm幅ぐらいに切る。車海老は塩ゆでにして皮をむく。卵はゆでて花形または、輪切に切る。①の椎茸は石づきを切り③の吸い地でさっと煮て、取り出す。フルは3～4cmの長さに切る）
⑤椀に④の椀種を入れ、熱々の③の吸い地を張る。

・吸い口（島みかんの皮、柚子皮など）は好みで入れます。
・①の戻し汁はとっておき、他の料理に使います。

二の膳（刺身）

◆材料（5人分）

刺身（白身）…10切れ
生姜…5切れ
しょうゆ…適量
酢…適量

◆作り方

①三枚に下ろした魚を大きめの刺身に切り、皿に2切れ盛り付ける。
②①に皮をむき薄く切った生姜を1切れ添え、しょうゆ、酢を好みで出す。

・島では古くから、生で新鮮なものをブイン（不塩）といい、気候や地理的環境、保存の関係で、酢漬けにしたり、酢をかけて食べます。

シュムリ（盛り塩）・昆布・スルメとカラカラ（酒器）

三の膳（肉の吸い物）

◆材料（５人分）

鶏肉（親鶏）…1 羽　水…6 カップ
塩…小さじ 1　薄口しょうゆ…小さじ 1
大根…500 g　人参…150 g
アオサ…適量　ネギ…1 本

◆作り方

①鶏肉は水から火にかけ、アクをすくいながら1時間ぐらい中火で煮る。
②①を布かキッチンペーパーでこし、身の部分は椀種に使う。
③②に塩、薄口しょうゆを加え、味を調え吸い地を作る。
④②の鶏の身を一口大に切り、大根、人参はさいの目や花形に切って③の吸い地に入れて煮る。
⑤椀に④の椀種と、熱々の吸い地を張る。
⑥アオサは水で洗い、ネギは斜め切りにして入れる。

・吸い物をいただくときは、お祝いの場合はふたの裏を上にして膳におきます。
・食材の肉は、鶏肉や豚肉など家庭により異なります。
・器は地域や家庭により異なり、ふた付きの陶磁器も使われます。

行事の料理

ナンカンジョセ（七草雑炊）

1月7日は、春の七草（七種類の野菜）を入れた粥を食べ、1年の無病息災を願う習わしがあります。「七歳までは神さまの子ども」という言い伝えがあることから、数え年7歳になった子どもが、親戚や知人など7軒の家々を回って七草粥を貰い、お祝いをします。頂いたナンカンジョセを家族で食べて力を貰い、子どもが大勢の皆さん方のご加護によって、無事育ちますようにという願いが込められています。

古代中国の人々にとって全宇宙は

49の星だったそうで、7軒から七草粥を貰うのを49とし、子どもの健康と幸せを全宇宙の神さまに祈るこころが七草粥の行事を生んだともいわれています。

正月のご馳走のあと、疲れた胃腸を休めるためにも食べられました。島には、ジョセナナマリ（雑炊は茶碗で7杯は食べられる）という言葉も残っています。消化もよいので、年中行事の日だけでなく、普段の日も作って、忙しい朝など、1日のエネルギー源として食べてみたらいかがでしょう。

◆材料（4人分）

米…2合
塩豚…300g（三枚肉に粗塩大さじ1をし、一晩ねかす）
だし汁（水1.8ℓ・昆布20g・かつお削り節60g）
干し椎茸…2枚　大根…200g　人参…1/2本
カブ…2株　ゴボウ…1/2本　里芋…2個　小松菜…2枚
白菜…2枚　塩…小さじ1　薄口しょうゆ…大さじ2

◆作り方

①干し椎茸を水にもどす。
②米をとぎ、ザルにあげておく。
③塩豚を水から煮て、沸騰したらアクを取って湯をすて、さらに水から30分ぐらい煮てアクを取って湯をすて、さまして一口大に切る。
④干し椎茸は石づきを切り、大根、人参、カブ、ゴボウ、里芋の皮をむき、大根、人参、カブはいちょう切り、ゴボウ、里芋は乱切りに、小松菜、白菜は3cmぐらいに切る。
⑤だし汁を作り、①のもどし汁を加え、②の米、③の塩豚、④の椎茸、野菜類を入れ、アクをすくいながら中火で煮る（小松菜は最後に）。
⑥軟らかくお粥状になったら、塩、薄口しょうゆで味を調える。

田芋餅

田芋は、稲作以前の古い栽培作物の名残と考えられ、子孫繁栄の象徴として年中行事の料理などに使われます。奄美群島では、沖永良部島、与論島、喜界島などが栽培地として知られていますが、奄美大島の笠利町、龍郷町、住用町などでも作られています。

田芋餅は、沖永良部島ではターニムムッチと呼ばれ、1月16日に行われる伝統行事の墓正月に先祖とともに新年を祝って供え、一重一瓶を囲む風習が今でも残っています。また、

喜界島では、ウムムッチーと呼ばれ、親芋の周りに小芋がたくさんできることから、旧暦3月3日の女の子の節句に、将来、子宝に恵まれますようにと願いを込めて作られます。

田芋の栄養成分はカリウム、鉄分などが含まれ、田芋を使った料理は、田芋炒り、田芋の田楽、田芋の天ぷらなども美味で喜ばれます。

◆材料（4人分）

田芋…500g（正味）
塩…小さじ1
黒砂糖粉…150g
きな粉…適量

◆作り方

①田芋を洗って皮をむく。
②たっぷりの水に①と塩を入れ、軟らかくなるまでゆでる。
③ザルにあげ、熱いうちにすり鉢に移し、すりこぎでつぶしながら、ふるった黒砂糖粉を混ぜ、粘りがでるまで搗く。
④食べやすい大きさに丸めてきな粉をまぶし、形を整える。

行事の料理

ヒキャゲ

この料理は、1月18日に主に北大島で作られます。ヒキャゲという料理名は、正月行事を終えるという意味と、餅状のものを引き上げるというところから名づけられたといわれます。正月の餅や*ナリムチの餅をうまく利用した先人の知恵が活かされています。

トン、ハヌス（甘藷）は中央アメリカが起源で、日本へは16世紀末に中国から琉球に伝来、その後、奄美へも入ってきたと言われています。

奄美群島では土壌を選ばず、栽培

が簡単なため戦中戦後の救荒作物としての栽培歴が長く、その後も煮芋、トン粥、トン飯、芋ミキなど、身近で大切な食材として、営々とイモの文化を築いてきました。また、ノロ祭祀などで使われるミキにも甘藷の生汁が使われます。

*ナリムチ——1月14日に北大島や住用などでも行われる伝統行事で、ブブ木（リュウキュウ榎）に白餅と着色した赤、緑、黄の餅を付け、家内安全や商売繁盛、無病息災などを祈願します。かつては、白餅とヨモギ、椎の実、ソテツでんぷんなどで自然の色を付け、飾っていたそうです。集落により18日か20日にナリムチを下げた餅を入れてヒキャゲが作られます。

◆材料（４人分）

甘藷（または里芋）…400g
水…600cc
餅…300g
きな粉…30g

◆作り方

①甘藷は洗って皮をむき、乱切りにして水を入れて煮る。
②①を軟らかくなるまで煮て、水分が残っているところに餅を小さく切って入れる。火を弱火にして焦がさないように気をつけ、軟らかくなったら火を止める。
③②をすりこぎでついて、引き上げて練り、よく混ぜ合わせる。
④③を皿に盛り、きな粉（好みで）をふりかける。

ビョフガラマキ（韮巻）

奄美には古くから伝えられ、作られてきたシマ料理がたくさんあります。でも、長い年月の中で変遷し、忘れられ伝承されていない料理もあります。かつては作られていたシマ料理を、文献などから再現し、紹介していきたいと思います。今回はそのひとつを、作ってみました。

『南島雑話1』（＊93頁）には、図入りで「ビョフガラマキ（韮巻）小き一寸位の海老に塩を少し加へ、煎り揚げ、韮を沸湯に打込掻交へ直に引揚げ、右の小海老を巻き、味噌を

擂り砂糖を加へ、それに交へて取肴とす」とあります。サンガチサンチの弁当などに作られました（『奄美女性誌』〈45頁〉）。

先人が考えた、小海老とにらの彩りと食感を生かした一品です。どうぞ、来客や行楽などの弁当にも作って伝えていきましょう。

＊巻末の参考文献による

◆材料（4 人分）

タナガ（3cm ぐらい）…15 匹
塩…小さじ $^{1}/_{4}$
にら…15 本
味噌…50g
砂糖…30g
みりん…小さじ 2

◆作り方

①タナガの腹に切り込みを 2、3 カ所入れ胴の部分の皮をむき、塩をまぶして、フライパンで水気がなくなるまで、煎り上げる。
②沸騰したお湯にひとつまみ塩を入れ、にらを入れてかき混ぜ、すぐ引き上げ、水につける。
③②を軽くしぼって水気を切り、①にていねいに巻きつける。
④味噌をすりこぎで擂り、砂糖、みりんを加えて練り③にかける。

行事の料理

フツィムチ（ヨモギ餅）

旧暦の3月3日が近づくと、ヨモギの新芽を摘む光景が見かけられます。この時期の新芽は柔らかくて香りもよく、夏に向かって健やかに過ごすための備えとなる栄養素がたっぷりと含まれています。ヨモギは独特の香りから、魔よけなどの呪術的な行事に使われます。

三月節句は磯遊びをし、ヨモギを入れて搗いた餅を、防腐作用のあるムチガシャ（クマタケラン＝熊竹蘭）の葉で包んだフツィムチを作って食べるのが昔からの習わしです。

かつては、その他にフツィバンメー（ヨモギ入りの麦ご飯）を炊き、三月節句を祝ったそうです。ヨモギは薬用としても多くの効能があります。旧暦の3月3日にはフツィムチを作って磯遊びに出かけましょう。

◆材料（約30個分）

ヨモギ…1kg
ソーダ…適量
もち粉…1kg
水…2カップ
黒砂糖粉…1kg
甘藷（さつま芋）…300g
ムチガシャ（クマタケラン）の葉…約30枚

◆作り方

①鍋にたっぷり湯を沸騰させてソーダを入れ、ヨモギをゆで、水にさらしてアクを抜く。
②①の水気を切り、臼でよく搗く。（または、水を加えてミキサーにかけ、水を切る）
③もち粉は水を加えて混ぜて全体をしめらせ、甘藷はゆでて皮をむき、つぶす。黒砂糖粉を加えて混ぜる。
④大きめのボウルに③を入れ、②のヨモギを加えて臼で搗く。（またはしゃもじでこね、よく練り合わせる）
⑤④がほどよい硬さになったら（軟らかい時は一晩ねかす）丸め、一晩おいたムチガシャの葉の裏に載せて包み、包み方によりススキの新芽などで括る。餅を横向きに立て、少し間隔をおいて並べ約1時間（大きさにより加減）蒸す。

麦のシキ

かつて、麦が多く食されていた時代、島の人々は麦を使った料理を考え出しました。麦ごはんや麦みそ、冷や汁などがあります。麦を炒って、臼で挽き、はったい粉（麦こがし）にしました。

そして、はったい粉と黒砂糖を混ぜ（イングメ）シダラギなどの硬い葉を匙にして食べました。はったい粉に黒砂糖粉を加えてお湯を注ぎ、好みのかたさに練って（コウシン）おやつにしました。

お盆やお祝い、家庭訪問など、ハ

レ（特別）の日にはムスコ（型菓子）を作りました。栄養に関する知識もなかった時代に、このように栄養価に富んだおやつが生み出されていることに驚かされます。

◆材料（4 人分）

はったい粉（大麦粉）…300g ＋成形用（50g）
黒砂糖粉…300g
さつま芋…500g
水…2 カップ

◆作り方

①さつま芋は水から煮て、皮をむき、熱いうちにつぶしておく。
②黒砂糖粉はふるっておく。
③水を沸騰させて弱火にし、①と②とはったい粉を入れ、よく混ぜ合わせる。
④熱いうちに俵形などに作り、成形用のはったい粉をふりかけ、形を整え仕上げる。

もち天ぷら

もち天ぷらは、ハマオレや運動会などの弁当の一品、おやつにも作られます。

以前は、フライパンいっぱいにタネを流し込み、ホットケーキのように作られていました（58頁参照）。最近は形や加える野菜（さつま芋、じゃが芋、南瓜、里芋ほか）など、各家庭によって工夫がなされ、時代とともに変化してきた島料理といえましょう。この材料を蒸したら、島の節句に作られるトンムチ（芋餅）ができます。同じ材料でも製法を変

えることで、バリエーションが広がります。

『南島雑話1』(90頁)に「シャニン[*]餅等は製法種々あり。餅米は勿論、椎の実、栗[*]、蘇鉄、甘藷、南瓜等互に交へても製す。」とあり、古い時代に島で作られていた種々のお菓子が紹介されています。

*シャニン——サネン、ゲットウ
*栗——栗カ

◆材料(4人分)

もち粉…200g
さつま芋…250g
島ザラメ…50g
塩…小さじ 1/4
水…170 ~ 200cc (芋のゆで加減により調整)
揚げ油…適量

◆作り方

①さつま芋は皮をむき、乱切りにして水にさらす。
②①を軟らかく煮てつぶす。(多く作る時は芋を2つに切って煮、皮をむきつぶす)
③②に島ザラメ、塩を入れて混ぜ、もち粉を加えたら、水を少しずつ入れながら耳たぶより少し硬めに練る。
④③を好みの大きさの形に整え、低温の油できつね色になるまで中までしっかり揚げる。

アクマキ

アクマキは、中国の端午の節句に起源が見られ、旧暦ゴガツゴンチ（5月5日）の男の節句に、健康を願って作られる節句菓子の一つ。『高崎くづれ大島遠島録』では、安政2年5月5日、林嘉多より節句菓子をもらうとありますが、菓子名は不明。以前は、モウソウダケの皮で包んでいましたが、現在は、サラシの布袋に詰めて作られます。

　アクマキは、薩摩藩が朝鮮出兵や関ヶ原の戦いの際に日持ちする兵糧として作られたという説などもあ

り、稲作地で、もち米を竹の皮や笹の葉で包み保存食として引き継いできた伝承菓子です。アクのアルカリ性で米の繊維を軟らかくし、雑菌を抑え、長期保存にも耐える知恵が詰まったアクマキの味と艶は、アクの出来によるといえます。

時代とともにガスやＩＨの普及で、各家庭から五右衛門風呂、かまど、囲炉裏が失われ、アク取りの風景も消えようとしています。灰を龍郷町大勝の南重喜さんからいただき、昔ながらのアクマキに近いものを作ることができました。深謝申し上げます。

◆材料（６本分）

シャリンバイの灰…1kg
もち米…1kg
サラシの布袋…6 袋（仕上がり 7 × 21cm・縫い代 1cm）
タコ糸…20cm× 6
お湯…2 ℓ
きな粉…適量　島ザラメ…適量

◆作り方

①サラシの布を裁断し、木綿糸で袋を縫って洗う。
②大鍋に寒冷紗や布を広げて灰を入れ、沸騰したお湯をかけてこし、アクをとる。
③アクを沸騰させる。
④アクが冷めたら、もち米をといで（洗って）一晩漬け、ザルにあげる。
⑤①のサラシの布袋を中表にして、アクに漬かって黄色くなったもち米を 8 分目程度入れ（膨れるので約 250g)、袋の口をタコ糸で巻いて括る。
⑥③のアクの鍋に⑤を並べて入れ、かぶる程度の水を加えて火にかける。
⑦中火でコトコト、ひっくり返しながら約 4 時間煮る。米がもっちり膨らんで、光沢のある艶がつき、つるっとした感じになったら出来上がり。（もち米が煮えてくるとアクにトロミがでるので、水を加えながら焦がさないよう注意する）
⑧アクマキを袋から出し、袋の口をほどいたタコ糸で約 2cm幅に切り、きな粉＋島ザラメや黒砂糖粉を付けて食べてください。

行事の料理

ガッキョ（島らっきょう）の赤しそ葉漬け

瀬戸内町や大和村名音集落では、旧暦の5月5日（ゴガツゴンチ）にガヤマキ（うるち米・もち米を半々でご飯を炊いて握り、茅で巻く）や島らっきょうの赤しそ葉漬けを作り、匂いと赤い色で厄を祓うといわれる習わしがあります。

　5月の節句は、菖蒲や蓬、モモの枝などを軒先や墓などに挿します。匂いの強いもので悪霊を祓うとされ地域によって違いが見られますが、子どもたちの健やかな成長と無病息災を願った旧暦の行事を大切にして

います。

らっきょうは、古くから薬用植物として中国から日本に伝わりました。地下の鱗茎《りんけい》を食べますが、特有の香気成分はアリシン（硫化アリルの一種）という物質で、ビタミンB_1の吸収を助け、血行促進によって体内の必要な維持代謝を活発にします。整腸作用や滋養強壮などにも効果があるといわれ、少量ずつ常食することが望ましいです。夏の暑さに負けない身体作りのためにもらっきょう漬けを常備食として作っておきたいものです。

◆材料（４人分）

島らっきょうの塩漬け
（正味量の3％の塩をして一晩おいたもの）…300g
赤しそ葉…60g
A 島ザラメ…大さじ１
　塩…小さじ１
　酢…200c

◆作り方

①島らっきょうの塩漬けを洗ってザルにあげ、水分を切っておく。
②赤しその茎を取り除いて、葉をきれいに洗い、3㎝幅ぐらいに切ってボウルに入れ、Aの分量を混ぜた調味液で揉んで、赤い汁を出す。
③②に①を入れて混ぜ、漬けこむ。

サンキラ餅

サンキライ（山帰来）の葉で包むことから「サンキラ餅」の名が付いたと思われます。先人の知恵である、植物の葉を利用して食べ物を包む食文化は、今でも私たちの暮らしの中に息づいています。植物の葉が食べ物を包むのに使われたのは、包む目的以外に防腐効果や葉の香り、色を楽しむことができるからです。

本土では、5月5日の男の節句に粽《ちまき》や柏餅が作られますが、柏餅は、上新粉の餅にあんを入れ、柏の葉で包みます。柏の葉が手に入りにくい

地方では、それに代わる植物を利用、奄美大島では、サンキライの葉を利用したと考えられます。ヨモギ餅をサンキライの葉で包み、節句の餅にしたのが、他の地域とは違って伝統的な形だと思います。

現在、ヨモギは新芽を摘み、すぐに使わない分は湯がいて冷凍保存にしていますが、冷蔵庫のなかった時代は、その日に作る分の量を採集し、行事などの料理に利用しました。サンキライの葉で包んで作るサンキラ餅は、野山でのサンキライの葉の採集が困難だからでしょうか、あまり作られなくなっていますが、伝えていきたいもち菓子です。

◆材料（4人分）

もち粉…500g
ヨモギ…500g
ソーダ…適量
黒砂糖粉…500g
甘藷（サツマイモ）…150g
水…1カップ
サンキライの葉…15枚

◆作り方

①ヨモギを洗ってソーダで湯がき、水で洗ってしぼる。
②甘藷の皮をむき、乱切りにしてゆでる。
③すり鉢に①のヨモギを入れ、繊維をつぶす。（あれば臼で搗く）
④黒砂糖粉を加えて混ぜる。
⑤②の甘藷を加えてつぶし、練るように混ぜる。

行事の料理

クジリャムチ（鯨餅）

*クジリャムチは、奄美大島で、旧暦「ゴガツゴンチ」の男の節句に作られます。以前は、もち米を一晩水に漬けて粉にし、臼で搗く、搗き餅でしたが、現在は、製粉したもち粉が販売されるようになったので、若い人も手軽に作ってみたらいかがでしょう。

宇検村での聞き取りによると、クジリャムチは、鯨の皮の黒い部分と脂肪層の白い部分を疑似し、作るといわれます。鯨を食べる食文化は、戦後、奄美でも貴重なタンパク供給

源となった時期がありました。
鯨は地域によっても様々な食文化を形成してきました。東京、虎屋の絵図帳『御菓子之書図』に、宝永４（１７０７）年鯨餅の図が掲載されています。また、鯨餅の作り方が掲載されている江戸時代＊の書物もあります。

全国に分布がみられる鯨餅ですが、産地の特徴は、港町または、舟運が盛んだった内陸部。江戸時代、中国から長崎に外郎《ういろう》とともに伝来したともいわれ、北前船で日本海を北上、伝えられた食文化のひとつです。奄美には、どのルートで伝えられたのでしょうか。

＊クジリャムチ――『奄美生活誌』３３４頁「マキムチ」に相当

＊江戸時代の書物――『名菓秘録』（文久２〈１８６２〉年）

◆材料（4 人分）

白餅…（もち粉 300g ＋水 270cc）
黒餅…（もち米 300g ＋黒砂糖粉 300g ＋水 100cc）
クマタケランの葉…8 枚

◆作り方

①もち粉 300g ＋水を混ぜてこねる（白餅）。
②もち米 300g ＋黒砂糖粉（ふるう）＋水を混ぜてこねる（黒餅）。
③クマタケランの葉を広げ、裏側に①と②を揃えて入れ、包む。
④蒸し器が沸騰したら、③の葉を重ねた部分を下にして並べ約 40 分蒸す。（白餅、黒餅は横に並べたり、上下に重ねたり、ひねったり、家庭により違いがみられます）

小豆粥

かつては、米の少ない奄美の島々では、蘇鉄のでんぷんやさつま芋、椎の実などを入れたお粥にして、主食のかさを増やして食べました。お米だけのお粥は、病気や出産の時にしか、食べることができなかったそうです。今回は、お盆のお供え物の一つ、旧暦の7月14、15日のアサバン（朝飯）に供える、小豆粥のレシピを作ってみました。（家庭により供える料理が異なります）

『高崎くづれ大島遠島録』に、嘉永3年6月24日、「――亭主より茶を

入、あづきと百合のせんを砂糖にてねりたるをいだし申候、――」と小豆が登場します。

古くから奄美では、少量ですが小豆は作られ、カン（型で蒸す）菓子や黒砂糖で煮たぜんざい（お盆のうとしいれ）、お粥、カシキ（赤飯）などにも利用されていたようです。

◆材料（4 人分）

小豆…200g
水…5 カップ + 12 カップ
米…2 合
塩…小さじ 1

◆作り方

①鍋に洗った小豆とかぶるぐらいの水を入れ、強火で煮る。
②①が沸騰したら中火で 2 分ゆで、ザルにあげ、さっと洗ってアクをとり、汁は捨てる。
③鍋に小豆と水を入れ、沸騰したら弱火にし、約 1 時間煮る。
④③をザルにあげ、ゆで汁は鍋に残す。
⑤米をとぎ、ザルにあげて水を切ってゆで汁の入った鍋に入れ、12 カップの水を加える。
⑥④の小豆に塩を加えて、強火にし、鍋底に米がくっつかないようざっくり混ぜる。
⑦沸騰したら、弱火にして約 40 分、混ぜないで炊き、ふたをして 5 分蒸らす。

行事の料理

うとしいり（落とし入れ）

うとしいり（落とし入れ）は、奄美大島で旧盆の送りの日にお供えする行事食です。『高崎くづれ大島遠島録』に、嘉永3年7月15日に家主の藤由気さんから、かん、西瓜一切、あん餅落とし入れ、型菓子を貰ってご霊前にお供えしたことが記述されています。

集落調査の際の聞き書きによると、「以前は、小豆は使わず、ソテツでんぷんやもち粉でとろみを付け、生姜を入れたりしていた。また、最近は小豆と黒砂糖粉を煮て団子を

入れ、ぜんざいのように作る」というお話を伺いました。地域や家庭によっても作り方がそれぞれ異なるようです。

料理名については、送り盆の日に精進「うとし（落とし）」の前に食べる料理だからなのか、また、餅や団子を汁の中に「落とし入れ」る料理の総称なのか、今のところわかっていません。黒糖や島小豆は古くから作られている島産食材です。もっと、シマ料理に活用したいですね。

◆材料（4人分）

A 水…4カップ　黒砂糖粉…200g
B もち粉…大さじ2　水…100cc　塩…小さじ1/2
C もち粉…200g　水…1カップ

◆作り方

①鍋にAの水と黒砂糖粉を入れ、沸騰したらアクをすくう。
②Bのもち粉に水を加えて溶かす。
③①に②を加えてとろみが出るまで混ぜ、塩を加えて混ぜる。
④ボウルにCのもち粉を入れて水を少しずつ加えてこね、耳たぶより少し軟らかめの一口大の団子を作る。
⑤沸騰したお湯に④を入れ、浮かんできたらザルにとり、冷水で冷やす。
⑥③に⑤を落としいれ、焦げ付かないようにかき混ぜながら味を染み込ませる。

・家庭により、小豆を入れる「うとしいり」も作られます。

行事の料理

ジマム（落花生）の呉汁

今年のお盆には、父が好きだった落花生の呉汁を作って供えました。落花生には、タンパク質、脂質（オレイン酸、リノール酸）、炭水化物、カリウム、リン、マグネシウム、カルシウム、ビタミンなどたくさんの栄養素が含まれています。渋皮には、ポリフェノール（レスベラトロール）が多く含まれているので、ジマム味噌や塩ゆで、煮物などにして、渋皮ごと食べる料理を作って食べたいですね。

落花生は、『南島雑話２』（２１７

頁）にも記録がみられ、往時、シマで植えられていたことが考えられます。地場産の落花生は、旬の時期に冷凍しておくと便利です。

◆材料（４人分）

落花生（地場産）…200g（殻を割ったもの）
かつお削り節（地場産）…20g
水…5カップ
味噌…80g
ネギ…10g

◆作り方

①水が沸騰したら、かつお削り節を入れる。
②①が沸騰したら火を止め、かつお削り節が沈むのをまって、静かにこす。
③落花生を密閉袋に入れ、麺棒で粒がやや残る程度にたたきつぶす。
④②に③を加え、沸騰したら、弱火にしてアクをすくい、味噌を溶く。
⑤④にネギを入れる。

・ザコ出しで作る時は、ザコ 20 gを、頭、内臓を除くのは好みで、水から煮出して下さい。

行事の料理

ジマム（落花生）豆腐

落花生には、タンパク質、脂質（オレイン酸、リノール酸）、マグネシウム、鉄、ビタミンなどたくさんの栄養が含まれています。そのほか、オリゴ糖や食物繊維が豊富に含まれていて、栄養価の高い成分を数多く持つ機能性食品といえましょう。

『南島雑話１』（１２９頁）によると、幕末の奄美、小宿村の様子を、「鼠の事、落地生（落花生）を掘て食ふ」と鼠による食害が記され、古くから作られていたようです。ジマムの香り、のど越しのいい食感、私の大好

きなシマ料理の一品です。ぜひ作ってみて下さい。

◆材料（4 人分）

落花生…150g　水…3 カップ（②で使用）＋3 カップ（③で使用）
片栗粉…100g（弁当用は少し硬めで 120g）
タレ
- 砂糖…100g　しょうゆ…100cc
- みりん…100cc　干し椎茸（3 枚）の戻し汁…100cc
- 梅干…大 5 個

◆作り方

①ボウルに落花生を入れ、お湯をかけ、ふたをして 30 分ぐらい浸し、渋皮をむく。
②①と水 3 カップを入れて、2 分ぐらいミキサーにかける。
③②をサラシやガーゼでこして、絞った汁を中火で沸騰させ、残りの水 3 カップに片栗粉をといて、かき混ぜる。
④③を泡立て器でゆっくりかき混ぜながら沸騰したら中火にして、手を休めずに 30 分ぐらい鍋底からかき混ぜ続ける。（火が通りきらないと生臭くなる）
⑤型に流し入れて粗熱をとり、冷蔵庫で冷やし固める。
⑥タレは梅干の種を除き、みじん切りにして砂糖、しょうゆ、みりん、干し椎茸の戻し汁を混ぜて沸騰させる。

・③で絞ったカスは、餅天ぷら、ドーナツなどのタネに混ぜる。また、家庭菜園などの肥料にどうぞ。

そうめんの松葉揚げ

そうめんの松葉揚げは、「松の葉のように、いつも緑で色が変わらず仲が良い」という意味で、祝いの席やお盆には欠かせない料理でした。主に笠利町や瀬戸内町で作られていたようですが、近ごろ、ほとんど見かけないシマ料理のひとつです。

江戸期、砂糖と交換されていたそうめんは貴重品であり、そうめんを使った料理は汁ものとして出されていたようですが、最近では「油ぞうめん」が一般的に知られるようになりました。そうめんの料理は、稲作

時のマドム（ロ）ン（間食）や旧盆のお供え、アラセツ行事などに作られます。
　旧盆の15日にお供えするのは、ご先祖があの世へ帰る時に、ご馳走をそうめんで結んで帰るからだといわれています。和食メニューでは、魚などの食材に折ったそうめんを衣にした松葉揚げが作られています。この料理は、料理の飾りに、また、カリッとした食感が子どものおやつや晩酌のおつまみにも喜ばれるでしょう。

◆材料（4人分）

そうめん…1束
小麦粉…30g
冷水…30cc
揚げ油…てんぷら鍋の7分目ぐらい

◆作り方

①そうめんを半分に折る。
②そうめんを約20本ずつ、束にして分けておく。
③揚げ油を熱する。
④小さめのボウルに小麦粉と冷水を入れ、さっくりと混ぜる。
⑤油の温度が150℃になったら、②の束の端に④の衣をつけて揚げる。（松葉のように広がったら揚げ色に注意しながら裏返す）

ムスコ（はったい粉の型菓子）

型菓子は、材料に米と大麦を煎って粉にした煎り粉や、もち米を蒸して乾燥させ粉にした寒梅粉、大豆を粉にしたきな粉などが使われていて、好みの粉に砂糖、水あめなどを加えてお湯で練り合わせ、木型枠に詰めて固め、打ち出して作られたお菓子です。また、木型のまま蒸す方法も見られます。奄美大島の方言ではムスコと呼ばれ、家庭訪問や旧盆の頃に作られ、お供えにも欠かせません。

はったい粉は大麦に属するハダカムギの一種、もち麦を煎って粉にし

たもので、食物繊維の含有量が高く、粘りがあって香りが高いので、別名、香煎、麦こがしとも呼ばれます。

幼い日の、はったい粉に黒砂糖とお湯を加えて混ぜた懐かしいおやつ（コウシン）を思いだします。

◆材料（約30個分）

はったい粉…300g
黒砂糖粉…300g
塩…小さじ1/2
焼酎…大さじ2
水あめ…大さじ2
お湯…100cc

◆作り方

①黒砂糖粉をふるいにかける。
②①にはったい粉を混ぜる。
③塩、焼酎、水あめ、お湯を混ぜて溶かす。
④②に③を少しずつ加えてダマにならないようしっかり混ぜてなじませる。
⑤木型に④をしっかり詰めて表面を湯呑などですり切り、平らにしたらすりこぎで打ち出す。

ムスコ（煎り粉の型菓子）

奄美で、型菓子は、ムスコ、モスコなどと呼ばれ、米や大麦の粉を黒糖・焼酎他と混ぜ、型枠に入れて固めたお菓子で、干菓子や落雁の一種です。

江戸末期に記された『南島雑話1』（90頁）に、「――其外煎粉餅形菓子類モ製ス」という記述がみられ、この頃、型菓子が作られ、食べていたと考えられます。型菓子は、椎の実粉でも作られていて、「粉至極細抹にして、葛にて製したる菓子に似て最上なり。是は米にて製したる形菓子よりも色白く却って増されるならん

か」と記録があります。１８５０年５月８日、小宿村に到着した名越左源太はたくさんの料理で歓迎されますが、その時の茶菓子に型菓子が出されています。

お盆などハレ（折り目、節目）の日に、材料を木型に詰めて打ち出した型菓子を作ってみませんか。

◆材料（約50個分）

煎り粉（原料＝うるち米、もち米、コーンスターチ）…500g
黒砂糖粉…500g
焼きジマメ（落花生）粉…140g
黒糖焼酎…大さじ２
お湯…60cc
水あめ…大さじ２

◆作り方

①焼きジマメ（落花生）粉を乾煎りにする。
②黒砂糖粉をふるう。
③お湯で水あめを溶かし、黒糖焼酎を加え、②の黒砂糖粉に入れてよく混ぜる。
④③に煎り粉を加えながら、十分しっとりするよう混ぜ合わせ、落花生粉を加えて混ぜる。
⑤木型に④を詰めてしっかり押し、表面を湯呑などで擂りきって平らにしたら、裏返してすりこぎでたたいて型から菓子を打ち出す。

・天日に干して乾かすと、しっかり固まり保存がききます。
・焼きジマメ（落花生）粉は、作る前にさらに煎ると水分もはじけ、香ばしくなります。

カシキ（赤飯）

もち米を蒸したものをおこわといい、赤飯もその一つです。小豆を混ぜて炊いたご飯は、カシグ（炊く）の名詞形でカシキと呼ばれています。『高崎くづれ大島遠島録』には、嘉永3年7月6日、小宿集落の人々から初穂ということで、もち米のあずき飯を一重ずつ、貰いすぎるくらい貰ったと記されています。カシキは旧暦8月の、アラセツやシバサシに作られます。

また、小豆を使った料理は、お盆に供えられる小豆粥やうとしいり

（落とし入れ）、アラセツ、シバサシに作られるトーギミカシキ（宇検村）などがあります。小豆は食物繊維やビタミンB群、ポリフェノールなどを多く含み、栄養と機能性にすぐれた食品です。

夏には島小豆が市場にも出ますので、祭事や家族のおめでたい日には手づくりの赤飯でお祝いしましょう。

◆材料（4人分）

もち米…4カップ　小豆…1カップ
小豆の煮汁…1カップ

◆作り方（前日から準備する）

①小豆は1カップの水で煮て、沸騰したらザルに湯を捨てる。（アク抜き）
②新たに同量の水を入れ沸騰したら弱火で煮て、途中同量の水を差し水し、小豆の皮が破れない程度に硬めに煮て、小豆をザルにあげ、煮汁も冷ましておく。
③もち米はボウルに入れて水を注ぎ、かき混ぜたらすぐ、水を捨てる。（糠臭さを防ぐ）
④新たに水を注ぎ入れ、もち米をよく揉むように混ぜて水を捨てる。
⑤④を水のにごりがとれるまで、数回くり返しザルにあげる。
⑥②の煮汁1カップを取り置き、残りの煮汁にもち米がつかるくらいの水を加え⑤を一晩浸しておく。
⑦⑥のもち米をザルにあげて水気を切り、②の小豆を混ぜておく。
⑧蒸し器に目の粗い布を敷き⑦を入れ、湯気が上がったら煮汁1カップを途中2回に分け、全体にふりかける。
⑨強火で約30分蒸し、容器に移し、あおいで粗熱をとる。（ごま塩はお好みで）

行事の料理

マン（里芋）の田楽

里芋は方言で、北大島ではマン、南大島ではウムと呼ばれています。現在、作られている里芋を使った料理は、ゆでて、田楽味噌をのせたり、和えたりするほか、煮物、揚げ煮、汁物、もち天ぷらなどがありますが、もっともっと活用したい島の食材です。里芋の旬は9〜11月。『高崎くづれ大島遠島録』で、嘉永3年9月24日・26日・10月9日・19日などの項に、名越左源太が亭主から里芋を頂いたという記述が見うけられます。江戸時代後期の小宿村で、名

越左源太は里芋をどのように調理して食べたのでしょうか。
里芋の田楽は、旧暦8月の祭りには欠かせないシュウケ（お茶請け）の一品です。また、旧暦11月のフユウンメ（冬折り目、芋の神祭り）などのお供えにもなくてはならない、大切な島野菜です。

◆材料（4人分）

里芋…大5個
味噌…100 g
黒砂糖粉…50 g
みりん…大さじ1
酒…大さじ2
煎り白ごま…20 g
（フライパンで乾煎りにすると香ばしい）

◆作り方

①里芋は皮ごと洗い、軟らかくなるまでよくゆでる。（多めの水量で強火で約40分）
②すり鉢で、煎りごまをすり、味噌、島ザラメ、みりんを入れ、よくすりあわせる。
③①をザルにあげ、少しさまして皮をむき、食べやすい大きさに切る。
④ボウルに③の里芋と②の田楽味噌を入れ、かるく和える。

行事の料理

トン（甘藷）天ぷら

甘藷（サツマイモ）は江戸時代に奄美に伝えられたとされ、シマユムタ（奄美方言）で、北大島ではトン、南大島ではハヌスと呼ばれています。昔は、島の庶民の主食は甘藷で、副食は畑やアタリ（屋敷内菜園）で採れる野菜や自生の野草で作る料理でした。

奄美には、生活の知恵から生み出された、もち米で作る菓子や料理が多く伝承されています。トン天ぷらは笠利、佐仁地区に伝わるシマ料理で、旧暦8月のアラセツやシバサシ

などに作られます。衣のもっちり感と中の芋のほくほく感がマッチしたおいしい佐仁料理自慢の一品。

◆材料（4人分）

甘藷…600g
上もち粉…200g
小麦粉…100g
島ザラメ…50g
塩…小さじ1　水…300cc
揚げ油…天ぷら鍋の8分目ぐらいの量

◆作り方

①甘藷の皮をむき、2㎝ぐらいの厚さに斜めに切り、水にさらしてザルに上げる。
②ボウルに小麦粉をふるい、上もち粉、島ザラメ、塩を入れる。
③②に水を少しずつ加えながら、泡立て器でしっかり混ぜ、衣を作る。
④③に①の甘藷を入れ、混ぜる。
⑤揚げ油を熱し、④を中火で芯まで火が通るようきつね色に揚げる。

ミキ

ミキは、米と甘藷、砂糖を材料に高温多湿の気候風土を活かした発想から作られた奄美、沖縄を象徴する伝統の発酵食です。豊年祭などに作られ、神への供え物や暑い夏の滋養強壮に、島の暮らしには欠くことができません。

以前は、各家庭で芋ミキや椎ミキなども作られていましたが、現在はミキを専門に作るミキ屋さんがあり、商品として販売するようになったのは、笠利町赤木名から始まったといいます。

『南島雑話１』（１０３頁）に、「年若き女が半時ほど塩で歯を磨き、また紙でよく拭き向歯で二噛み、三噛みくらい噛んで」と、噛みミキの記述があり、「みき製法の事」の項には、現在の、米を煮て甘藷をすりおろして混ぜるミキの発祥と思われる作り方が紹介されています。

ミキは「神酒」とも書き、豊年祭、ミハチガツ、諸鈍シバヤ、クガツクンチなどの祭りや行事に神と人をつなぐ大切な役割をします。

◆材料（ペットボトル500ml 約２本分）

A うるち米…1.5 合　水…250cc
B 水…500cc　白砂糖…100g
C 水…250cc　甘藷…50g

◆作り方

①うるち米を一晩水につける。
②水を取りかえてザルにあげ、Ａをミキサーに２分ぐらいかける。
③Ｃの水と皮をむいた甘藷を入れてミキサーにかけ（または、おろし金でおろし）、さらしでこす。
④鍋でＢの水と白砂糖を煮溶かし、沸騰したら弱火にして②を加える。
⑤白色から透明感がでるまで木ベラで混ぜ続け、３分ぐらいで火を止める。焦がさないように気をつける。
⑥人肌の温度に冷ます。
⑦④に③のしぼり汁を加えてしばらく混ぜ続ける。
⑧ペットボトルに入れ、紙でふたをして、夏は１日、冬は２日ぐらい常温で発酵させる。
⑨発酵後、きちんとペットボトルのふたをして振り混ぜ、冷蔵庫で冷やす。

行事の料理

ウァンフィネヤセ（豚骨野菜）

奄美の年越しに欠かせないウァンフィネ。味付けは雑魚と塩豚の出しで、付け合わせの野菜は、ツバシャ（蕗の茎）やアザミなど地域や家庭によって異なります。

先祖から伝わったこのシマ料理は、行く年も来る年も、ツバシャは根深いので末長く、大根は輪切りにして一家円満、という願いを込めて、作られてきました。

クンチ（大晦日）の夜は、家族でまたは友人たちと、行く年、来る年を語りながら、ウァンフィネヤセと

年取り餅を食べるのが奄美の習わしです。子どもたちに「大歳の客」の昔話を語りながら過ごすのも、一興かもしれません。

アザミを付け合せに。右は年取り餅

◆材料（５人分）

豚ヘラ（肩甲）骨またはアバラ（肋）骨（塩 50g）…1kg
ツバシャ（蕗の茎）…500g　大根…500g
雑魚…30g　島ザラメ…30g　みりん…1/2 カップ
酒…1/2 カップ　しょうゆ…50cc
フル（葉ニンニク）…2 本
油…大さじ 1（⑤で使用）水…3 カップ（⑤で使用）

◆作り方

①ツバシャはゆでて皮をむき、1/2 〜 1/4 に割く。水につけアクぬきをして（2 日間ぐらい水を取り替える）、20cm ぐらいの長さに切る。
②前日に塩をしておいた豚骨は沸騰したお湯にくぐらせ、塩ぬきをする。（塩かげんをみる）
③②の両面をフライパンで焼き色を付け、豚骨がかくれるぐらいたっぷりの水で、軟らかくなるまで煮る。（アクをとる）
④大根は皮をむき、輪切りにして、米のとぎ汁でゆでる。
⑤雑魚を油できつね色になるまで炒めて水を入れ、沸騰させて、出しをとる。
⑥③に①、④、⑤を加え、島ザラメ、みりん、酒、しょうゆで味付けをして煮込み、仕上げにフルを入れ、ひと煮立ちさせる。

もち米天ぷら

昔、おめでたい結納の日などにスズリフタ（長方形の塗製の器）料理の一つとして作られました。主に笠利地区で作られていたそうですが、現在ではあまり見かけなくなりました。

シマ料理にはもち粉を使った料理が多いのですが、農作業のエネルギー源となる糖質（炭水化物）が多く含まれる食材に目を向けた祖先の知恵があふれています。

以前は、丸いホットケーキのように作られていましたが（下写真）、

各家庭によって工夫され、変化してきたと思われるシマ料理です。現在はもち粉にさつま芋、かぼちゃ、じゃが芋、里芋など、好みの具材を加え、俵形などに小さく作られています（24頁参照）。

◆材料（4人分）

もち粉…250g
小麦粉…50g
人参…100g
卵…1個
島ザラメ…50g　塩…小さじ1/2
水…200cc　油…小さじ1

◆作り方

①人参を千切りにする。
②ボウルにもち粉とふるった小麦粉を入れ、溶いた卵を加える。
③①の人参と島ザラメ、塩を入れ、水を少しずつ加えて混ぜ合わせる。
④フライパン（18㎝）を熱して油をひき、③のタネを流し入れ、ふたをする。
⑤弱火で、両面ともきつね色に焼き上げ、好みの大きさに切る。

じょうひ餅（ぎゅーふ）

じょうひ餅は、もち粉に黒砂糖を加えて、加熱しながらあめのように練り固めたもち菓子。黒糖で作るじょうひ餅は、主に奄美大島で、冠婚葬祭などに使われた高級なお菓子です。現在は、作るのに手間がかかるため、お土産品店などで売られ、手作りする家庭はあまり見られなくなりました。

じょうひ餅だと思われるもち菓子の記録が『大島遠島録』にみられます。嘉永3年6月10日、都與益から求肥三重をもらいますが、名越左源

太は、いただいた求肥を亀蘇應、實健、藤進、藤温、前養志の母、亭主（藤由気）におすそ分けしています。また、『南島雑話２』（１３４頁）には、「ぎうひ　糯米の粉、白砂糖汁にてねりつめる。葛の粉をつく、上品の糕《こう》なり」の記述がみられます。『ふるさとの伝承料理』では、ギューフ餅（じょうひ餅）。同じお菓子の名が「求肥」から「ぎゅーふ」「じょうひ（餅）」に変化したのかもしれません。

龍郷町での聞き書きで、以前は、集落の行事などの際には、仲のよい夫婦にじょうひ餅を作ってもらっていたとのことです。きっと、おいしいじょうひ餅だったことでしょう。

◆材料（５人分）

もち米 または、もち粉…400g
黒砂糖粉…400g
水あめ…大さじ６
水…２ℓ
打ち粉（コーンスターチ または、片栗粉）…適量

◆作り方

①もち米を、一晩水につけて粉にする。（もち米の粗目に挽いた粉なら１時間ぐらい水に浸ける）
②テフロン加工のフライパンにふるった黒砂糖粉、①の湿らせたもち粉、水あめ、水を加えて泡だて器で混ぜながら、中火にかける。
③沸騰してきたら、手を休めることなく、木べらで約２時間、底のほうから根気よく混ぜ続ける。焦がさないように注意する。
④ドロドロに粘りがでて、薄茶色のあめ状になり、透明度をましてきたら出来上がり。
⑤タッパーやバットに打ち粉をし、④を熱いうちに流しいれ、上にも粉をふって冷蔵庫で冷やして切る。

大平

大平は、奄美大島の旧家の婚礼など、本膳料理の一つとして伝承されてきましたが、今では、ほとんどの人が知らない料理です。瀬戸内町立郷土館に西家（瀬戸内町伊子茂）の「ウフビリャー（大平）」という器の展示が見られ、実際に器として使われていた当時の様子が偲ばれます。

文久2年閏8月18日の祝いの献立に「大平　玉子焼、竹ノ子、山芋、かふ（蕪）、庭鳥之身、せい（サイカ〔カ〕）」とある『桂久武日記』（35頁）、また、慶応2（1866）年、瀬戸内町篠

川の昇清応氏と芝家のウマさんの婚礼の献立に記録がみられる「大平」の食材は、鶴《(カ)》、揚げ豆腐、結び昆布、揚げ素麺、人参、やまむ（山芋）、野菜。明治20（１８８７）年、大和村大和浜の長田俊雄氏と和家の直千代さんの婚礼の献立表の「大平」の食材は、鴨、かまぼこ、巻麩、蕪、椎茸、車海老、牛蒡、山芋、三つ葉。１９７８年発行『琉球料理全書2　ふるさとの伝承料理』（２３５頁）の「大平料理」の食材は、鶏肉、花麩、かまぼこ、椎茸、人参、牛蒡、竹の子、ツキアゲ。「大平」は出し煮（煮物）で、器の名が料理名として呼ばれていたと考えられます。現在、揃う食材で再現しました。時代とともに食材の変遷もわかる貴重な料理です。

◆材料（4人分）

鶏もも肉…200g　水…4カップ
薄口しょうゆ…大さじ2　干し椎茸…4枚
コサン（ホテイチク）筍…200g
人参…1本　牛蒡…100g
かまぼこ…半分　つきあげ…100g
花麩…4枚

◆作り方

①干し椎茸を水1カップにもどして石づきを取り、十文字に飾り切りをする。
②コサン筍、人参、牛蒡を湯がいて、約7㎝の長さに揃えて切っておく。
③かまぼこを約7㎜の厚さに、つきあげを約3㎝の幅に切っておく。
④鍋に水と鶏肉を一口大に切って入れ、沸騰させてアクをすくう。
⑤①の干し椎茸ともどし汁、②と③の下ごしらえした材料を加えて沸騰させ、アクをとる。花麩を入れ、煮つめる。
⑥薄口しょうゆで味を調え、具をお椀に盛り付け、出し汁をはる。

コラム1

奄美大島の年中行事と食事表

奄美群島の年中行事は、ほとんどが稲作を基盤としており、行事食はその行事の場面場面に対応しながら作られてきました。稲作が衰退した現在も、年中行事は形を変えながら私たちの思いを継いでいます。

手間暇をかけ、料理を作る人々の思いも今につながっています。

ムチヌスームン、ムチンシル　（1/11 床餅オロシの行事食）

	年中行事	食　事
1月 新暦 旧暦	①1/1 若水くみ（餅を入れ、洗顔。笠利町）②三献の祝い③1/7 七草（龍郷町川内ほか）④1/11 トクザラエ・鏡餅開き⑤1/14 ナリムチ（琉球榎に飾る）⑥1/18 ヒキャゲ（ナリムチ終了）⑦1/20 二十日正月、カムィザレ（正月行事の終わり）	①飲用も。②三献（餅の吸い物、刺身、肉の吸い物）③ナンカンジョセ（七草粥）④ムチヌスームン・ぜんざい⑤床の間や仏壇、墓に。⑥ヒキャゲ（ナリムチの餅を入れる）⑦甕に漬けた塩豚を食べつくす行事だが、今は行われない
2月 旧暦	①ウムケ（壬・癸）ノロ祭事、五穀豊穣、集落の安泰祈願（ネリヤから前年 4 月に送った神を迎える）②2月節句（ヤドリ節句）黒糖製造の祝い、現在行う所は少ない。	①ミキを作り、供える（大和村大棚）。現在はほとんどの地域で行われていない。②油ぞうめんほか
3月 旧暦	①3/3（サンガチサンチ）女の子の節句、浜に下り、潮干狩りをする浜で弁当を広げ、飲食をする（笠利町用安ほか）	①貝や海藻の料理。重箱弁当。以前は三角形のヨモギ餅、今はカシャ（クマタケラン、月桃などの葉）で包んだヨモギ餅
4月 旧暦	①マーネ（初午の日）ハブを除け、鎮める。②虫送り（午）田畑の虫を海、川に流し、浜オレ、浜遊びをする。③アズラネ（巳又は午）畦払や家の周囲を掃除、ハブ除。④オホリ（壬、癸）ノロ祭事、2月に迎えた神をネリヤへ送る。	①コウシン(はったい粉＋黒糖粉＋湯で練る)を食べる。女性はビラゾネやニラ汁を食べる。②重箱弁当③ビラゾネ（佐仁・用安）を食べる。現在はあまりしない。④ミキを作り、供える（大棚）。現在行う所はほとんどない。
5月 旧暦	①ゴガツゴンチ（5月5日男の子の節句）御馳走を作り浜に下り、舟漕ぎ競争などをして遊んだが今は行わない。菖蒲・ヨモギ・桃の枝などを軒下や戸口、墓に挿す。②瀬戸内町木慈、大和村名音（5月5日）	①アクマキやサンキラムチ、クジリャムチ（宇検村生勝、佐念ほか）など、作る家庭が少なくなった。②ご飯を菖蒲などで包み、ガヤマキを作って戸口に吊るす。
6月 旧暦	①シキョマ（戌の日）一般家庭による稲の初穂祭。稲の初穂を３本と泉の水・浜蟹・３つの小石を椀に入れ神棚に飾った。②コーイリガシキ（笠利町）シキョマの日に初 6 月を迎える新生児に行う人生儀礼。川の水につけ水難防止を願う。③アンガシキ（シキョマから８日後の丙の日、新嘗祭）④アラホバナ（ノロによる稲の初穂祭）	①初穂を入れ、ご飯を炊く（現在行われている所は少ないが、行っていたという話を聞くことはできる）。②赤飯・神酒③新穀を初炊きし、神に捧げ共食する。現在行われない。④ミキを作るが、現在はあまり行われてない。

＊「年中行事」と「食事」の番号は対応（2015年5月現在）＊一部を記載

	年中行事	食　事
7 月 旧暦	①ハマムチ（1日）宇検村阿室・平田②ノロ祭事（ミニャクチ）稲の予祝行事（宇検村生勝）③七夕（7月7日）・墓参り・七夕播き（大根の種を蒔く）④ノロ祭事フーウンメ（大折り目）稲の豊饒感謝祭⑤盆１３～１５日・墓参り。送りの日、八月踊りが行われる。⑤ステビヨリ（16日）仕事をしない日	①白餅を月桃の葉で包み稲藁で括る。②ミキを作り、供える。①・②とも現在は行われない。③赤飯を供える家庭がみられる（竿を目印に先祖が帰る）。④ミキを作り、供える。現在、行われていない。⑤供え物をする（型菓子・小豆粥、呉汁、ジマメ豆腐、油ソーメン・煮物、クワリの味噌炒め、うとしいれなど）。
8 月 旧暦	①アラセツ（初丙）シバサシ・ドンガと続くミハチガツの最初の祭。祖先祭祀と収穫儀礼。地域により八月踊りを踊ってヤーマワリする。②ショチョガマ（早朝）稲魂を迎え小屋を倒す稲の予祝③平瀬マンカイ（夕方）神女たちが海岸の岩で稲魂を招き寄せる。（②③龍郷町秋名）④シバサシ（前夜門口にオヒシバで迎え火を焚く。当日、畑・屋敷の隅にシバ〈薄〉を挿し魔除けに）。シバサシギン（宇検村阿室）⑤ドンガ（シバサシ後の甲子）墓参、踊り止め。今は改葬をしない。⑥十五夜（各集落豊年祭、油井豊年踊りほか）、八月踊り、相撲、綱引き（地域により異なる）	①ミキ・赤飯・里芋料理（アラセツ）・トゥヌキン団子（笠利町佐仁／シバサシ）トーギミモチをカシキに入れる（宇検村生勝／シバサシ）などを供える。ヤーマワリ（家回り）で御馳走がふるまわれる。②ミキ・赤飯を供える。③祭りの後、浜で重箱弁当を食べる。おにぎり、煮物、から揚げ、アオサの天ぷら・もち天ぷら・舟やきなど。④ミキを作り、神棚に供える。⑤赤飯を炊き、先祖祭りをする。⑥ミキ、ウァーオリ（宇検村芦検、田検、湯湾、須古、佐念＝ミシュダレ、石良＝アラセツに豊年祭）カシキ・オニギリ、ハナジューケ（田検）、アブラモチ（部連・久志）など。
9 月 旧暦	①クガツクンチ（9月9日）・豊年祭・浜ジョ願（ガンノシ・ガンタテ）大和村国直・大棚ほか。今井権現祭（龍郷町）蒲生神社祭（奄美市笠利町）②実久三次郎祭（加計呂麻島、実久）相撲、八月踊り、棒踊り③大鈍神社祭・諸鈍シバヤ（加計呂麻島、諸鈍）	①ミキを作り、供える。黒糖焼酎を供える。 ②黒糖焼酎、ミキ、シュクノハナ、白ウルメのヒムン、力飯 ③ミキ、力飯、紅白の餅
10月 旧暦	①種オロシ（龍郷町各集落・奄美市名瀬・笠利・宇検村芦検）10月16日、モチモレ踊り・餅貰踊り（大和村湯湾釜）変装して一軒一軒踊って回る。火の用心、家内安全、五穀豊穣。②カネサル（庚申）稲作の播種を祝って餅貰い踊りをする。	①カシャムテ（もち米、甘藷）を作る。 ②9月末から10月初めの庚申の日。うるち米ともち米でカネモチ（もち米、甘藷）餅を作る（瀬戸内町各集落）。
11月 旧暦	①ソーリ（11月1日、海岸の白砂を庭に盛り、ソーリ花＝ツワブキの花を供える。主人がソーリ飯を食べる予祝儀礼、笠利町）現在は行われない。②フユウンメ（冬折り目）ノロ祭事、芋類の収穫感謝祭。現在は行われない。	①ソーリ飯（うるち米の御飯）を炊く。 ②芋料理（芋の煮物など）
12月 新暦 旧暦	①正月準備・オオバリ（注連縄）門松、ホウライチク、リュウキュウマツ、ヒメユズリハ（龍郷町川内）を飾る。②正月豚の準備（家庭単位での屠殺は行われなくなったが、豚を食べる習慣は変わらない）③餅搗き④年の夜	①セチギ（12月13日）この椎の木で 1/11 のムチンスームンを炊いたが今は行わない ②塩豚 ③鏡餅、正月の吸い物、年とり餅に。 ④ウァンフィネヤセ（豚骨野菜）、年とり餅

※お月持ち（1・5・9月の神月に、生年により異なるお月さまを拝む。
団子や御馳走を供え、昔話などを語りながら月の出を待つ）
※1月と12月は新暦、旧暦の両方とも行う家庭がみられます。

コラム2

奄美大島のお盆料理（奄美市名瀬）

お盆に準備する食材と料理を一覧表にしました。このようにまとめておくと、毎年の買い物も効率的で、料理の献立も忘れず便利です。

2014年旧暦7月14日撮影

お盆の料理は家庭により異なります。疲れた時は、簡素にしてもご先祖さまは許してくれるでしょう。

準備する食材

ショウロウバシ（メドハギ）、**焼酎ほか。**

13日用　夕　**茶の葉**、**ミキ**（うるち米、サツマイモ、砂糖）、**果物**（ぶどう、梨など）、**型菓子**（はったい粉、黒砂糖粉、焼酎、水飴）、**団子**（もち粉）、**小豆餡**（小豆、島ザラメ、塩）

14日用　朝　**小豆粥**（うるち米、小豆）、**呉汁**（落花生、かつお削り節、味噌、ネギ）、**ラッキョウの漬物**（ラッキョウ、黒糖、酢）

昼　**小豆粥**、**吸い物**（昆布、かつお削り節、餅、椎茸、卵、かまぼこ、ネギ）、**パパイアの漬物**、**ジマメ豆腐**（落花生、片栗粉）

夕　**ご飯**（十六穀米）、**吸い物**（昆布、かつお削り節、豆腐、ネギ）、**タレ**（椎茸、梅干し、しょうゆ、みりん）、**煮物**（雑魚、タケノコ、シブリ、トッツブル、昆布、里芋、コンニャク、みりん、薄口しょうゆ）、**松葉揚げ**（そうめん、小麦粉）

15日用　朝　**小豆粥**（米、小豆）、**味噌汁**（雑魚、豆腐、みょうが）、**ラッキョウの漬物**（ラッキョウ、黒糖、酢）

昼　**油そうめん**（そうめん、雑魚、ニラ）、**パパイアの漬物**

間食　**うとしいれ**（小豆、黒糖、塩、もち粉）

夕　**ご飯**（十六穀米）、**吸い物**（昆布、かつお削り節、椎茸、餅、卵、ネギ）、**煮物**（豚骨、人参、雑魚、みりん、薄口しょうゆ、切り干し大根、ツバシャ、揚げ豆腐）、**刺身**、**エビフライ**（車海老、小麦粉、卵、パン粉、塩、こしょう）、**かき揚げ**（玉ネギ、アオサ、干し桜エビ、塩、小麦粉）、**クワリの味噌炒め煮**（クヮリ、バラ肉、塩豚、豆腐）、**墓お供え用**（クヮリ、米、折箱）

	旧暦7/13（迎え）	旧暦7/14	旧暦7/15（送り）
朝		水・お茶 小豆粥 呉汁（落花生、味噌、ネギ） ラッキョウの漬物	水・お茶 小豆粥 味噌汁（雑魚、豆腐、みょうが） ラッキョウの漬物
昼		小豆粥 吸い物（昆布、餅、椎茸、ゆで卵、かまぼこ、ネギ） パパイアの漬物 ジマメ豆腐（落花生、片栗粉） タレ（椎茸、梅干し、しょうゆ、みりん）	油そうめん（素麺、雑魚出し、ニラ） パパイアの漬物
間食			うとしいれ（小豆、黒糖、塩、もち粉、団子）
夕	水・お茶 ミキ 果物 はったい粉の型菓子 小豆あん団子	ご飯 吸い物（豆腐、ネギ） 煮物（雑魚、タケノコ、シブリ、トッツブル、昆布、里芋、コンニャク） 松葉揚げ（そうめん、小麦粉） 焼酎	ご飯 吸い物（昆布、椎茸、餅、ゆで卵、ネギ） 煮物（豚骨、人参、切干大根、ツバシャ、揚げ豆腐） 刺身（白身） エビフライ（車海老） かき揚げ（玉ネギ、アオサ、干し桜エビ） クワリの味噌炒め煮（クワリ、塩豚、豆腐） 焼酎 **＊墓お供え用** 折箱に逆切りにした田芋の茎と米を入れる。

コラム3

ハマオレの重箱弁当

旧暦4月の初中の日、シマ（集落）の人々は、重箱にご馳走を詰めて浜に下りました。この日は、家で火を使ってはいけないという習わしのため、真夜中から弁当を作りました。早朝、その年の干支にあたる人が田んぼに行き虫を取る「虫ケラシ」は、稲につく虫の厄払いの行事。集落の海や川にクワズイモの葉などに包んだ虫をコショデ（逆手）で流します。

浜に下りることを「ハマオレ」と呼び、田植えが始まる前の農作業の休閑日とし、浜辺で重箱弁当を開き、日の傾く頃まで賑やかに遊びました。重箱弁当の中身は、煮しめや、から揚げ、アオサの天ぷら、もち天ぷら、卵巻おにぎりなど。

1年のハレ（特別）の行事日には海幸、山幸の保存食材を放出して奮発し、日常は食べられないご馳走を作り、お腹いっぱい食べました。そしてまた、明日からの労働の糧としました。そんな先人たちの思いを受け止めながら重箱弁当を作りました。

重箱は、かつての嫁入りや節句、豊年祭、運動会、行楽などのご馳走を詰める容器として現在も活躍しています。

ハマオレの舟漕ぎ競争

【奄美市住用町市《いち》集落のハマオレ (2013.6.2 著者撮影、右頁も)】

虫を包む

沈むように石も一緒に包む

海に向かって逆手で投げる

重箱弁当

脂カスとフル（葉ニンニク）の炒め物

昔は、師走の声を聞くと正月準備のウァクッチ（豚の屠殺）に取りかかり、屠《ほふ》った豚肉は大切に利用されました。大晦日のウァンフィネ（豚骨）料理やウァズイムン（豚吸い物）などの正月料理に使ったあと、保存用として香ばしい香りの塩豚を作りました。

また、三枚肉を炒めてラードと脂カスを作り、ラードは炒めものをする時の油や風味づけの調味料として、また、脂カスは年越し料理の煮付けなどに使われました。三枚肉（豚

バラ肉）のすばらしい利用方法として考え出された脂カスの料理は、徳之島町や奄美市笠利方面に伝わっています。

◆材料（4人分）

豚バラ肉…400g
水…1ℓ
フル（葉ニンニク）…10本
酒…カップ$\frac{1}{2}$
しょうゆ…大さじ3
島ザラメ…大さじ2
油…小さじ1

◆作り方

①フライパンを弱火で熱して、一口大に切ったバラ肉を並べて入れる。
②①にこげ色がつき、ラードが抜けきるまで弱火で炒める。（ラードは保存用に取る）
③②でできた脂カスを水から鍋に入れ、弱火で肉が軟らかくなるまで煮る。
④フライパンに油を中火で熱して③を炒め、酒、しょうゆ、島ザラメを加えて汁気をからめながら、少しとろみがつくまで煮詰める。
⑤④にフルを加えて、青みが残るようにさっと軽く炒める。

・好みで揚げ豆腐を加えてもおいしい。

塩豚の油ぞうめん

そうめんは江戸後期に奄美に伝わり、明治以降、一般家庭でも日常的に食べられるようになりました。ユイワク（共同作業）やお盆、旧暦8月のアラセツ行事などの料理には欠かせません。お盆のお供え料理に使われますが、ご先祖があの世へ帰るとき、土産をそうめんで結んで帰るからだといわれています。

喜界島の中里では、旧暦9月の甲子の日に「ソーメンガブー」という、やぐらの上から投げられたそうめんを取り合う、

そうめんが主役の祭りがあります。その夜、雑魚出しの油ぞうめんをみんなで食べます。
　昔は、各家庭で飼っていた豚を正月用に屠り、正月料理に使う他、脂（ラード）や塩豚にして常備、保存し、いろいろなシマ料理に使われました。奄美では、そうめんも塩豚も先祖が残した生活の知恵から生み出された大切な香りのする文化財です。

◆材料（4人分）

そうめん…6束　豚バラ肉（皮付きの塊）…200g（自然塩…小さじ2をして一晩ねかす）
タマナ（キャベツ）…50g　人参…50g　ニラ…40g
オリーブオイル…大さじ2　薄口しょうゆ…大さじ4
脂（ラード）…大さじ2（豚の脂身を弱火で炒めると脂が出るので容器に保存しておく）豚の出し汁…1カップ

◆作り方

①豚バラ肉は前日に塩をしておき、調理前に沸騰したお湯にさっと入れ、表面が霜降りになったらお湯を捨てる。新たに水を入れて強火にかけ、煮立ってきたらアクを取りながら弱火で約30分煮て（出し汁を残す）、7～8㎜に切る。
②キャベツはザク切り、人参は細かい千切り、ニラは3㎝の長さに切る。
③沸騰したお湯にそうめんをぱらぱらと入れ、硬めにゆで、ザルにあげて水でしっかり洗う。
④フライパンにオリーブオイルを熱し、ラードを加えて溶かし、①を少し焦げ目がつくくらいに炒め、①の豚の出し汁を入れ、煮立ったらアクを取り、薄口しょうゆで味を調える。
⑤④に②の野菜を順番に入れて炒め、③を加えて軽く炒め合わせる。
・ポイントはそうめんを硬めに湯がくこと。

鶏飯（ケイハン）

かつて、薩摩藩の代官所があった赤木名（笠利）から広まり、役人たちを接待するために工夫されたと伝わる、もてなしに適した料理です。昔は、ヒュース（ヒヨドリ）などを材料にした炊き込みご飯だったともいわれます。今では、学校給食の献立に登場するなど、もっともポピュラーなシマ料理の一つ。『南西諸島史料集第二巻高崎くづれ大島遠島録』（１４２頁）には、小宿村、藤由気の借家に到着時のご馳走の献立があり、

「――めしは鶏の汁に而入具木瓜・牛蒡二而候、漬物はみそ漬大根」と記されています。

桂久武（1861〜1863、大島守衛方に任命）の記した『桂久武日記』には、「今日ハ鉄砲場江鶏之汁飯持出候――」（37頁）、「――吸物弐ツ・鉢差身・丼物種々・後鶏飯出し候――」（38頁）とあります。名越左源太は「嶋中絵図書調方」に任命され、元上流藩士、桂久武は、後に家老に。共に島役人などからの到来物も多かったようで、庶民とは程遠い食事だったと思われます。

そのような時代に鶏飯は作られ始め、地位の高い人々をもてなすための料理であり、上流階級の人々の食事であったことがわかります。

◆材料（4〜5人分）

米…3カップ　親鶏肉…1羽分　出し昆布…20cm × 2枚
干し椎茸…8枚　卵…4個（塩…小さじ$1/2$　油…少量）パパイアの漬物…$1/2$個　ワケギ…5本　ミカンの皮…小2個分　きざみ海苔…5g

A ［塩…小さじ2　薄口しょうゆ…大さじ1　酒…小さじ2
　 みりん…小さじ2

B　しょうゆ…小さじ2　みりん…小さじ2

◆作り方

①米を洗って、30分ぐらいねかせ、少し硬めに炊く。
②親鶏肉をザルに入れ、沸騰したお湯をかけて臭みを取る。
③鍋にたっぷりの水と②を入れ、沸騰したら中火にして、アクをとりながら十分に煮出す。
④③に水で戻した干し椎茸、出し昆布の順に入れて沸騰したら取り出してこす。Aで味を調え、吸い物より濃いスープを作り、弱火にして温めておく。
⑤④の干し椎茸を千切りにして、Bで味をつけ煮含める。
⑥③で軟らかくなった鶏の身を細かく裂く。
⑦卵に塩を加え、錦糸卵を作る。
⑧⑤の干し椎茸、⑥の鶏の身、⑦の錦糸卵を皿に盛り付け、薬味のネギは小口切り、ミカンの皮、パパイアの漬物はみじん切りにしてのせる。
⑨あつあつのご飯を丼によそい、⑧の具を彩りよく盛り付け、④のスープをたっぷりかける。きざみ海苔をちらす。

肉の料理

塩豚のフル（葉ニンニク）イキ（炒め）

塩豚は薩摩藩政下の時代、島役人が上国（藩の慶事に奄美諸島から代表として交代で上鹿すること）する時に献上品として好まれた一品でした。

奄美の豚は塩漬けにして乾燥させることにより、亜熱帯の気候風土が相乗効果をもたらし、アミノ酸たっぷりの発酵食品に生まれ変わります。塩豚は古くから食べられ、保存にも栄養的にもすぐれた先祖の知恵の賜物です。

フル（葉ニンニク）は成長過程の

ニンニクの葉で、中国では古くから食べられていました。濃い緑と香ばしい香りが炒め物、煮物、吸い物などの料理の彩りや味を引き立ててくれます。お正月の肴《さかな》（おつまみ）にいかがですか。

◆材料（4 人分）

バラ肉の塩豚（塊）…300g（前日に大さじ 1 の塩をする）
フル（葉ニンニク）…8 本
黒砂糖粉…大さじ 2
しょうゆ…大さじ 2
油またはラード…小さじ 1

◆作り方

①鍋に湯を沸かして沸騰したら、バラ肉を 30 分ぐらい（豚の塩漬け時間で調整）ゆでる。
②①のバラ肉を鍋から取り出し、5㎜ぐらいに切る。
③フライパンを熱して油を入れ、②を並べるように入れて、両面に焼き色がつくように焼く。
④③に黒砂糖粉としょうゆを入れて炒める。
⑤④とフルの根元の部分を先に炒めて味をからませ、軟らかい葉を加えてさっと炒める。

肉の料理

卵のフヤフヤ

静岡県袋井市は、東海道五十三次の27番目の宿場町として栄えていました。１８３１年、大阪商人・升屋平右衛門重芳の『仙台下向日記』に、袋井の宿に泊まった際、「玉子ふわふわ」が膳にのったという記録があるといいます。調理法を観光協会で募集し、再現した「現代版袋井玉子ふわふわ」は、沸騰した出し汁に攪拌《かくはん》した卵を流しいれ、出し汁の蒸気でふんわりと固めたものです。

沖縄では熱々の卵焼きを「クーガファーファー」と言うそうです。奄

美の「卵のフヤフヤ」と袋井の「玉子ふわふわ」、沖縄の「クーガファーファー」。『東海道中膝栗毛』でも将軍家のもてなし料理として紹介され、新撰組の近藤勇の好物も「玉子ふわふわ」だそうで、将軍家や豪商などしか味わえなかった高級料理だそうです。

藤井つゆ著『シマヌ ジュウリ』には、「いちばん手軽な誰にでも作れる料理です。急な来客の時などによく用いられ、卵とじに似た感じのものです」とあります。どのような経緯で奄美に伝わったのでしょうか。

◆材料（4人分）

卵…4個　かつお削り節…20g
水…3カップ
塩…小さじ½
かまぼこ…½
干し椎茸…2枚
三つ葉…4枚　ネギ…20g

◆作り方

①干し椎茸を水にもどしておく。
②水を沸騰させてかつお削り節を入れ、沸き上がってきたら、別の鍋に、さらし布を敷いたザルにこぼしてこし、塩を加える。
③①の干し椎茸、かまぼこを5㎜ぐらいの千切りにする。
④②の出し汁を弱火で③を加えてかき混ぜ、攪拌した卵を鍋の縁から一気に流し入れ、ふたをして熱が全体にまわりふんわりと盛りあがるまで煮る。
⑤④を器によそい、三つ葉は約3㎝に、ネギは小口切りにしてちらす。

肉の料理

山羊汁（味噌仕立て）

シマでは旧暦６月の頃の山羊《やぎ》を「ロッカツ（６月）ヒンジャー（山羊）」と呼びます。若草を食べるので、味が良いとされ、山羊汁を食べて酷暑を乗り切ると言われてきました。山羊肉には独特な臭いがあるため、最も好き嫌いが分かれる料理の一つかもしれません。逆に臭いに惹かれる通の方は、塩で味を調えたほうがおいしいと言いますが、初めての方にも食べやすいように、内臓を入れず、臭みを取るため、玉ネギ、生姜を入れて作りました。中に

入れる野菜は家庭によって異なり、デコネ（大根）、シブリ（冬瓜）、フツィ（蓬）など好みのものを入れて作られます。

今回は遠い日、母が作ってくれたわが家の山羊汁を紹介します。私は山羊汁が苦手だったのですが、夏風邪をひいた時、思い切ってスープだけ飲んでみました。体が芯から温まり元気になったあの時の記憶が、台所の換気扇の音とともに甦ります。夏バテ防止や滋養強壮にぜひ、お試し下さい。

◆材料（4 人分）

山羊肉…1kg（ぶつ切り）
玉ネギ…3 個
水…5ℓ
合わせ味噌…120g
生姜…30g
ワケギ…3 本

◆作り方

①ザルに、ぶつ切りにした山羊肉を入れて熱湯をかける。
②大きめの鍋に水 3ℓ と山羊肉を入れ、強火で炊き、沸騰したら弱火にして、アクをとりながら1時間程度煮込む。
③スライスした玉ネギと皮をむきすり下ろした生姜の絞り汁を②に入れ、水 2ℓ を加えて弱火で1時間程度煮込む。
④火を止め、味噌をとく。
⑤小口切りにしたワケギをちらす。

ブタミシ（豚飯）

ブタミシは、主に北大島で作られてきた伝承料理です。江戸期、薩摩藩の慶事で上鹿する時に、塩豚などをお土産として持参していた記録が残されています。保存のきく塩豚は、冷蔵庫のなかった時代にも対応してきた優れた食材です。

『シマヌジュウリ』の著者、藤井つゆさんは、「奄美の代表的な料理と言えば、鶏飯や豚骨などをすぐ思い浮かべますが、私は最も奄美的な料理として、このブタミシをあげたいです」と書いています。

塩豚の作り方は、豚三枚肉２００ｇに小さじ１の自然塩をまぶし、密閉袋に入れ冷蔵庫で一晩ねかせ、水分が出たらキッチンペーパーでふき取り、さらに、自然塩小さじ１をまぶして二晩ねかせます。タンパク質が発酵分解され、アミノ酸が増しておいしくなります。調理時には、塩豚をゆでで塩抜きし塩加減を調節してください。手を加えることで、発酵食に生まれ変わる魅力的な食材です。

◆材料（4 ～ 5 人分）

米…3 カップ　出し昆布…10g　塩豚…200g　卵…3 個（油…少量）
パパイアの漬物…50g　ミカンの皮（タンカンなど）…少量
ワケギ…5 本　きざみ海苔…5g　干し椎茸…10 枚（2 カップの水で戻す）
おろし生姜（好みで）
A（みりん…大さじ 2　しょうゆ…大さじ 2）
スープ（水…2ℓ、干し椎茸の戻し汁…2 カップ、出し昆布…10g
かつお削り節…20g　塩…小さじ 1　薄口しょうゆ…大さじ 1）

◆作り方

①米を洗って、ザルにあげておく。
②干し椎茸を洗って 2 カップの水で戻しておく。
③沸騰したお湯で塩豚を 10 分ぐらいゆでで、1cm角に切る。
④パパイアの漬物をみじん切りにする。
⑤ミカンの皮をみじん切りよりもさらに細かくする。
⑥ワケギを小口切りにする。
⑦①に出し昆布を拭いて入れ、③の塩豚を加えて少し少なめの水量で炊く。
⑧②の干し椎茸を煮出し、千切りにしてAで煮含める。出し汁はとっておく。
⑨水から出し昆布を入れ、沸騰したら取り出し、かつお削り節を入れてひとふきしたらザルで静かにこして⑧の出し汁を加え、塩と薄口しょうゆで味を調えスープを作る。
⑩⑦のご飯が炊けたら、裏うちして蒸らす。
⑪卵を割りほぐし、錦糸卵を焼く。
⑫丼にご飯を入れて具材をのせ、加熱した熱いスープをかけて食べる。

肉の料理

パパイアチキン 島味噌風味

パパイアは夏が旬で、熱帯アメリカ原産の常緑小高木です。奄美、沖縄では、熟す前の青い果実を野菜のように、炒めもの、和え物、汁物、刺身のツマなどにして食べます。

タンパク質分解酵素のパパインは、未熟果の青いパパイアに多く含まれ、熟したパパイアには、少ししか含まれていません。

毎日食べたい青パパイアは、歯の弱い人には敬遠されることもありますが、調理法によって軟らかくなりますので、ぜひ、お試しください。

赤血球の形成を助けてくれる葉酸など、含まれている栄養素の機能性を考えても、奄美に暮らす私たちの健康を守り、育んでくれる貴重な食材です。

◆材料（4人分）

地鶏（もも）肉…600g（大2枚）
パパイア…100g（青パパイアが少し熟したもの）
しょうゆ…大さじ2　島味噌（粒）…大さじ4
みりん…大さじ1　オリーブオイル…大さじ1
ハンダマ…8枚

◆作り方

①パパイアを洗って2つ割にし、皮をむいて種をとり、2～3㎜にスライスして密閉袋に入れる。
②2枚の地鶏（もも）肉を半分に切って4枚にし、パパイアの入った密閉袋に加える。
③しょうゆ、島味噌、みりんを加えてよくもみ、密閉袋を冷蔵庫で2時間以上漬けこむ。
（焼く前に冷蔵庫から取り出し、約20分常温でおく）
④フライパンにオリーブオイルを熱し、地鶏（もも）肉の皮目を下にし、つぶれたパパイアも一緒にしばらく強火で焼く。
⑤中火でふたをして蒸し焼きにし、焼き色がついたら裏返す。火を強めて焦がさないよう気をつけて焼き、ふたを取り水分をとばして火を止める。
⑥余熱を利用して、洗って斜め切りにしたハンダマを加えて軽く炒め、地鶏（もも）肉、パパイアを皿に盛り、ハンダマを添える。

肉の料理

パパイアの猪汁（味噌仕立て）

昔から、島の暮らしに狩猟で獲った猪を解体する光景があり、タンパク源を得るために食べられてきました。狩猟は生活と密着した行為であり、山の神に祈るなど、生き物の命をいただいてその肉を食べ生きることに感謝しながら伝統を守り続けてきました。

リュウキュウイノシシは、本土に生息するニホンイノシシより小型の種類で、繁殖期は10〜12月ごろと4〜5月ごろの年2回です。今回は、青パパイアに含まれるタンパク質を

分解する酵素、パパインの食肉を軟らかくする働きを活かして猪肉と煮込み、味噌仕立ての猪汁にしました。また、パパイアには、糖質を分解する酵素、脂肪を分解する酵素も含まれています。

猪は、内臓から血まで利用することができ、捨てるところは尻尾ぐらいだといわれています。いただいた命は大切に活かしたいものです。ジビエ料理いかがですか？

◆材料（10人分）

（出来上がり、スープ約3ℓ＋具材量）
猪肉…1kg
パパイア（未熟果）…300g（正味）
水…約7ℓ
味噌…200g
ワケギ…10本

◆作り方

①パパイアを洗って2つ割にし、スプーンで種を取り除いて皮をむき、さいの目切りにする。
②一口大に切った猪肉と①のパパイアを密閉袋に入れてもみほぐし、冷蔵庫で一晩ねかせる。
③冷蔵庫から出して約20分常温で放置し、ザルにとって熱湯をかける。
④大きめの鍋に水と③を入れ、強火で煮る。
⑤沸騰したら、中火にしてアクをとりながら、ふたをずらして約2時間煮込む。
⑥ワケギを洗い、小口切りにする。
⑦火を弱火にして味噌をとき、濃さを調節する。
⑧ワケギをちらす。

イユウ(魚)ミスウ(味噌)

かつて、島の人々は、海の幸、山の幸をその日に使う分取ってきて、料理を作って食べるという、自給自足の、自然に恵まれた生活をしていました。

蘇鉄の実を乾燥させ、自家製の味噌を作りました。蘇鉄は、戦中戦後の救荒作物として、苦しかった島の人々を支えてきました。米飢饉の時代に蘇鉄のアクを抜いて、でんぷん質を利用した工夫からナリ粥やシン粥などの料理が生み出され、大変珍重されました。少ない米に混ぜて主

食の量を増やし、お腹を満たすという知恵も次の時代に伝えていきたいものです。

今もナリ味噌に魚の身を混ぜたイュウ味噌はお茶請けや酒の肴として親しまれています。

◆材料（４人分）

蘇鉄のナリ（実）味噌…200g
島ザラメ…50g（味噌の塩分で加減）
魚（白うるめ）…300g
揚げ油…小さじ１

◆作り方

①ボウルにナリ味噌をほぐして、島ザラメを混ぜておく。
②魚を焦げ目がつくぐらい焼き（または、カラッと油で揚げ）、骨を取り除いて、身を好みの大きさにほぐす。
③フライパンを弱火で熱して揚げ油を入れ、①を軽く炒め、②を加えて混ぜ合わせる。（焦げないように注意して炒める）

島瓜と鰹生節の酢の物

島瓜などの白瓜類は、奈良漬の材料として使われることが多いようですが、奄美では、モンジョ（酢の物、和え物）や、煮物、味噌汁などに利用されます。5〜7月が旬。木瓜（島瓜）は『南島雑話2』（5頁）に図入りで紹介されています。

『高崎くづれ大島遠島録』では5月8日、家主となる藤由気さん宅でのご馳走の献立に「塩からに木瓜（島瓜）」、「漬物はみそ付け大根」などもみられます。5月25日に、名越左源太が木瓜（島瓜）の糠漬けを皆さ

んに振る舞ったら、珍しいと褒められ好評で、作り方を聞かれて教えています。そんな風にして島の人たちに糠漬けの作り方が伝わっていったのかもしれません。

小宿集落の隣、知名瀬出身の母の自慢の一品は糠漬けでした。島瓜、胡瓜、大根、人参、茄子などを漬けていましたが、気温の高い奄美では糠床の管理は難しいと、冷蔵庫に糠床を入れてかき混ぜ、大切にしていました。

◆材料（4 人分）

島瓜…1 本
塩…大さじ 1
鰹生節…200g
島ザラメ…大さじ 2
しょうゆ…大さじ 1
酢…カップ $^{1}/_{2}$

◆作り方

①島瓜を洗って、少し緑が残るぐらいに、おおまかに皮をむく。
②①を縦に割って、スプーンで種を取り出す。
③②を 5㎜ぐらいにスライスして、全体に塩をふっておく。
④ボウルに島ザラメ、しょうゆ、酢をまぜ合わせ、三杯酢を作る。
⑤鰹生節を 5㎜ぐらいの厚さに切る。
⑥③がしんなりしてきたら、水気を絞る。
⑦④の三杯酢に⑥の島瓜を入れて混ぜ、⑤の鰹生節を加えて軽く混ぜ合わせ、冷蔵庫で冷やす。

オオサバの南蛮漬け

奄美新聞（2011年4月8日付）に「オオサバ大漁　龍郷町　30年ぶり　加世間周辺で水揚げ」という記事が掲載され、我が家にも数回おすそ分けがありました。ゴマサバの稚魚（オオサバ）は、体長5～10㎝ほどの小魚。から揚げにしたらおいしかったので、保存の効く「南蛮漬け」も作ってみました。

加世間海岸周辺では、60年前に最盛期だったオオサバ漁は、30年以上前から途絶えたそうです。通常、オオサバの成魚（ゴマサバ）は沖合の

深海に生息しているといいますが、思いもよらずに現れた稚魚の群れに、今でも、豊かな海の恵みが身近にあふれる私たちの暮らしに改めて感動し、感謝の気持ちでいっぱいになりました。

　オオサバは、南蛮漬けのほか、から揚げ、天ぷら、塩辛などにして召し上がってみてください。

◆材料（４人分）

オオサバ…300g　小麦粉…50g
塩、こしょう…小さじ1/4　揚げ油…適量
玉ネギ…1/2個　人参…1/4個　ピーマン…１個
リンゴ酢…100cc　島ザラメ…大さじ３
みりん…大さじ２　しょうゆ…大さじ２
レモン汁…小さじ１　赤唐辛子…１本（小）

◆作り方

①オオサバを洗ってザルにあげ、水分を切っておく。
②玉ネギは横に（繊維を絶つように切ると辛みが控えめに）薄くスライスし水にさらして絞り、人参は皮をむき千切りに、ピーマンは種を取り輪切りに、赤唐辛子は刻む。
③リンゴ酢、島ザラメ、みりん、しょうゆをひと煮たちさせて冷ましておく。
④オオサバをバットに並べ、塩、こしょうをして小麦粉をふる。
⑤天ぷら鍋に揚げ油を180℃に熱し、④をカラッと揚げる。
⑥⑤の揚げたての熱々を③のタレに漬け、②とレモン汁を加えてかるく混ぜ合わせる。

ヒキ（スズメ鯛）のから揚げ

ヒキは、スズメダイ科スズメダイ属の海水魚で、３月頃から７月頃までが漁期です。体表は黒っぽくて成体が５～10㎝ぐらいと小さく、卵の入った５月下旬が一番おいしいです。カラッと揚げ、素手で背びれをとり、尻びれ（硬くとがった骨がある）も除くと、頭から丸ごと食べられます。（私は小骨が多い魚の食べ方はあまり上手ではないので、中骨もとります。）母がよくから揚げにしてくれましたが、卵の入ったものを選んで揚げたてをつまみ食いするの

が極上の楽しみでした。

藤山萬太著『私本　奄美の釣魚』を開くと、方言でヒキと呼ばれる釣魚は何種類もいるのに感心しました。「イショモンヌマアリリュントゥキ（磯ものが生まれる時）」といわれる今の季節に、ヒキはいろいろな漁法で、主に陸に近い所やリーフ付近で捕れる海の幸です。小ぶりの魚なので、うろこを取るのが面倒かもしれませんが、から揚げのほか、刺身、塩焼き、煮つけなどでもお試しください。

◆材料（4人分）

ヒキ…10匹
粗塩…10～15g
揚げ油…油鍋の8分目くらい

◆作り方

①ヒキのウロコと内臓をとり、20～30㎝離れた高さからまんべんなくふり塩をして30～60分おく。
②油鍋に揚げ油を入れ、強火で熱する。
③キッチンペーパーで①の水分をふき取る。
④②が180℃ぐらいの高温になったら③を入れ、きつね色に、骨まで火が通るようカラッと揚げる。

フノリ炊き

フノリは夏に採れる紅藻類、フノリ科フノリ属の海藻で、天日にさらし乾燥させたものに水を加えて煮、糊として、織物の糸や絹布の洗い張りなどに用いられています。奄美では、食用のほか、ツヤがでて風合いがよく、虫がつきにくいなどの理由から、大島紬糸の糊張りに使われます。

伯母は生前、美しい黒髪を保つためと、フノリを煮たもので髪を洗い、「女性の嗜《たしな》みですよ」と、髪の手入れを欠かしませんでした。

フノリは旬の時期に、スーパーなどでも購入できる食材ですが、初めての方にはどう調理してよいかわからない食材の一つだと思いますので、一緒にレシピが添えられていたら、需要も伸びると思います。

笠利町佐仁では、「ナヴィウナリ」と呼んで作られ、漬けしょうゆや、味噌漬けなどにして食べ、具もバリエーションがあって楽しめる料理です。

◆材料（4 人分）

フノリ…100g　サラダ油…大さじ 1　鶏ひき肉…200g
干し椎茸…10g　人参…$^{1}/_{2}$ 本
タケノコ（コサン竹）…100g　うす揚げ…2 枚
ワケギ…3 本　酒…大さじ 2　みりん…大さじ 2
しょうゆ…$^{1}/_{2}$ カップ　干し椎茸の戻し汁…5 カップ

◆作り方

①干し椎茸を 6 カップの水で戻しておく。
②人参、タケノコ、うす揚げ、①の干し椎茸は粗みじん切り、ワケギは小口切りにする。
③フライパンを熱して、鶏ひき肉を炒め、②を加えて炒める。
④③に調味料（酒、みりん、しょうゆ）を入れて混ぜ、味を調えておく。
⑤鍋に①の干し椎茸の戻し汁を入れ、水でよく洗ったフノリを入れてふたをして中火で約 20 分煮る。
⑥⑤を混ぜながら溶けてきたら、④を加えて 10 分ぐらい煮て味をなじませる。
⑦⑥を型に流し入れ、粗熱がとれたら冷蔵庫で冷やし固める。

・煮具合で、フノリ感を残すか、溶かしてゼリー状にするかはお好みで。

カツオ節と雑魚の佃煮

カツオ漁は、明治から大正期に瀬戸内町西古見、奄美市名瀬小宿などでも盛んに行われていましたが、現在は、奄美市名瀬デクマ（大熊）の宝勢丸や加計呂麻島・芝の脇田丸によって伝統のカツオ漁が行われています。生のほか、かつお削り節やカツオの加工品なども製造・販売されていて、大熊では、カツオの幟が上がっているのを見て、近郊からも買い求める人々が訪れ、地域活性化につながっています。

先日、加計呂麻島・芝では、脇田

丸主催のリョウユェ（漁祝）のカツオ祭りが行われ、祝い餅やカツオやマグロの振る舞いがあり、浜は賑わいを見せました。

かつては、どの家庭にもカツオ節削り器があり、子どもの頃、私もよく、「手を削らないよう気をつけてね」と母に声を掛けられながらカツオ節を削る手伝いをしたことを思いい出します。

◆材料（4人分）

かつお削り節（地場産）…150g
雑魚…250g
ささめ昆布…2袋
炒りごま…80 g
島ザラメ…400g
しょうゆ…100cc
酢…150cc
酒…100cc
みりん…100cc

◆作り方

①フライパンを熱して雑魚を入れ、きつね色になるまで丁寧に乾煎りする。
②①にかつお削り節を加えて乾煎りにする。
③ささめ昆布をザルに入れ、塩を振り落として、②にパラパラと入れる。
④島ザラメ、しょうゆ、酢、酒を加え水分がなくなるまで炒める。
⑤みりんを加えて、水分がなくなるまで炒め、照りが出たら火を止める。
⑥炒りごまを加え、全体を混ぜる。

海・川の恵みの料理

モクズガニのふやふや

モクズガニは日本全域に生息する川蟹の一種で、ヤマタロウガニ、コーガン、ズガニ、ツガニなどと呼ばれています。幼生の時は川に生息、成長するに従って河口域、海域などで繁殖活動を行い、生態域が成長過程、繁殖期によって異なるため、それぞれ山、川、津（河口）などが付いた呼び名のようです。

「ふやふや」は住用町西仲間で、正月の三献「三の膳」の吸い物に作られる料理です。「ふやふや」名人の和田美智子さんは、「メ

スとオス両方のカニを使うのが交合性、固まり具合が違う」と話されます。

メス、オスの見分け方は、お腹のまえかけ（ふんどし）と呼ばれる個所が丸っぽいのがメス、三角形っぽいのがオス。モクズガニは、カニ爪などの身より「カニみそ」のうま味を楽しむカニだといわれます。

「ふやふや」や「ガン汁」で、自然の恵みに感謝しつつ余すことなくいただいてください。

◆材料（4人分）

モクズガニ…メス4匹、オス2匹　生姜…20g（好みで）
ネギ…20g 卵…1個（卵黄、卵白が分離せぬようミキサーにかける）
塩…小さじ1　薄口しょうゆ小さじ1（好みで）　水…6カップ（2カップ〈③で使用〉＋2カップ〈同④〉＋2カップ〈同⑤〉）

◆作り方

①ボウルにモクズガニを入れ、お湯を注いでタワシできれいに洗う。（爪先や硬い部分はミキサーの刃が折れないよう取り除く）
②スリ鉢にモクズガニの爪や甲羅をはずして入れすりこぎで叩きつぶす。
③②をボウルで受けた粗目のザルに移し、水2カップでカニみそ、内子などをゆっくりと洗い流してカニ液をとる。
④ザルに残った殻には、まだカニみそなどが付着しているので、水2カップを加えてミキサーにかける。
⑤③のボウルで受けて粗目のザルにこぼし、木ベラでなでるようにカニ液を押し出し残った殻を絞る。（2カップ④⑤を繰り返す。絞った殻は肥料に）
⑥別なボウルにカニ液を静かに移し替え（3回ほど繰り返す）、ボウル底の細かい殻を取り除く。（冷凍保存時は⑥まで。食べる直前に自然解凍し⑦へ）
⑦ミキサーにかけた卵を加えてムラなく混ぜ、鍋に移し替える。
⑧弱火にかけて木ベラで直角に混ぜ、温まってきたら塩を加えて混ぜるとタンパク質がふわっと固まってくる。沸騰直前に汁が澄んで来たら出来上がり。ネギをちらして味を調える。しょうゆ、生姜は好みで。

雑魚の油ぞうめん

そうめんは『大和村誌』（284頁）によると、いつごろ奄美大島に入ってきたのかは不明です。江戸時代の砂糖との交換率や1830年、1859年の品物の値段からみると、そうめん100匁（375g）あたり黒砂糖3斤（約1800g）となっています。そうめんは島民にとって貴重品であったと考えられ、そうめんを使った料理は汁ものとして出されていたようです。

最近では、「油ぞうめん」が一般的に知られるようになり、農作業時

のマドム（ロ）ン（間食）や旧盆のお供え、旧暦八月のアラセツ行事ほか、日常の食卓にも多く上るようになりました。

旧盆の15日に、そうめん料理がお供えされるのは、ご先祖があの世へ帰る時にご馳走をそうめんで束ねて帰るためだといわれます。また、お祝いやお盆などハレの日には、「そうめんの松葉揚げ」が作られました。

◆材料（4 人分）

そうめん…6 束
雑魚（煮干し）…40g
ニラ…40g
オリーブオイル…大さじ 6
薄口しょうゆ…大さじ 4
お湯…カップ 1 杯

◆作り方

①鍋にそうめんをゆでるお湯をたっぷり沸かす。
②ニラを洗って約 3cmの長さに切る。
③お湯が沸騰したら強火のまま、そうめんの束をといて 1 度にパラパラと入れ、箸ですばやくかき混ぜ、硬めにゆでてザルにとり、流水でぬめりをもみ洗いしてザルにあげる。
④フライパンにオリーブオイルを熱し、雑魚をきつね色になるまで炒める。
⑤④に②のニラを入れてさっと炒めて香りを移し、お湯と薄口しょうゆを加えたら、③を入れて素早く炒めて味をなじませる。

海・川の恵みの料理

ガシチ（ウニ）の卵とじ

ウニは、ウニ綱に属する棘皮《きょくひ》動物の総称で、「体表に棘のある動物」という意味で、奄美大島ではガシチと呼ばれています。食用にされる部分は卵のように見えますが、卵巣、精巣です。ウニには造血や発育に欠かすことのできない葉酸が多く、目や皮膚を守るビタミンAも含まれています。

この料理は、ウニが大量に獲れた時代、生食では食べきれないので工夫されたと思われますが、獲れたてを生で味わいたい人

にとっては邪道といえるかもしれない贅沢な一品でもあります。生で食べきれずに残った時、火を通すことで幾分保存がきくので、アレンジしてウニの味を楽しんだのでしょう。母がよく作ってくれたウニ料理です。

ウニがあまり獲れなくなった昨今では、地域により漁業権を買ってウニ漁を行っているようです。ウニが少なくなったのは乱獲によるばかりではないかもしれませんが、これからもおいしくて、栄養価の高いウニを味わうことができるよう守っていきたいものです。

◆材料（4人分）

ウニ…150g
卵…2個
塩…小さじ1/4
酒…小さじ1
オリーブオイル…大さじ1

◆作り方

①ボウルに卵2個を割り入れ、かき混ぜておく。
②熱したフライパンにオリーブオイルを入れ、ウニを流し込んで炒める。
③火を中火にし、②に酒、塩を振ってかき混ぜ、溶き卵を流し入れてからめるようにかき混ぜる。

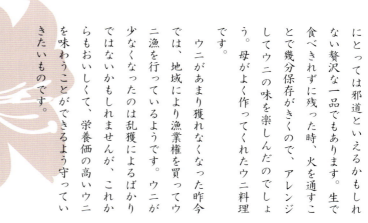

海・川の恵みの料理

モクズガニの味噌汁

モクズガニ（ヤマタロウガニ、マーガン）は、川の上流付近にまで生息していて、秋になると河口域から海にかけての水域で産卵をするため川を下ります。深い山々が連なり川内川、住用川、役勝川と奄美大島でも大きな川が流れる住用町、カニは古くから住用の名物だったのでしょう。

今でも、旧暦9月9日になると住用川では、川を下るカニを餌を仕掛けたアネク（籠）で獲るカニ漁の入札が行われます。獲れたカ

ニは入札できなかった方々にもおすそ分けがあり、地域の皆さんでカニ料理を味わっているそうです。

　秋の貴重なタンパク源にもなっていますので、塩ゆでやガン汁、ふやふや、焼いて味噌漬けなどにしてシマの秋の味覚であるカニのうま味や目でみる風物詩も味わっていただきたいと思います。

◆材料（4人分）

モクズガニ…小6匹（オス、メス混ぜて）
水…1.5ℓ
大根…1/2本
味噌…約100g
小ネギ…3本

◆作り方

①生きたカニをタワシでこすってよく洗う。
　(厚手のビニール手袋か軍手をつけて作業する)
②鍋に水を入れ、ふたをしてカニをゆでる。
③小ネギを洗って小口切りにする。
④②がゆで上がったらカニを取り出し密閉袋に入れ、すりこぎで大まかにつぶす。
⑤大根の皮をむき、イチョウ切りにしてカニを取り出した後のゆで汁で煮る。
⑥大根が軟らかくなったら、④のカニを入れ、沸騰したらアクを取り、10分ぐらい煮る。
⑦火を止めたら味噌を溶き、小ネギをちらす。

タナガのから揚げ

テナガエビ類（テナガエビ、ヒラテテナガエビ、ミナミテナガエビ）は奄美大島では、方言でタナガやタンガと呼ばれ、『南島雑話２』（１６６頁）には、「泥蝦（カハエビ）」で記載がみられます。

タナガ獲りは、餌として米ぬかや生の甘藷を噛み砕いてまき散らすと、隠れている岩陰から姿を現すので、尾の方に網を忍ばせ、逃げようと後退するのをすばやく獲ります。

また、アネク（竹で編んだ漁具）でも獲りますが、ペットボトルを切り、

逆さに合わせて仕掛けを作り、獲る方法もはやっているようです。

　我が家でも子どもたちが小さいころ、宇検の川におにぎりを握って出掛け、川原で獲りたてを乾煎りして塩をふって食べるのが楽しみでした。近くにハブが潜んでいることもありますので用心しましょう。から揚げは、黒糖焼酎のおつまみにも最適。このほか、「タナガのふやふや」なども作って川の恵みを味わってください。タナガは、1年中獲れますが、夏が本番といえましょう。

◆材料（4人分）

タナガ（テナガエビ類）…300g
塩…小さじ1/2
揚げ油…適量

◆作り方

①タナガを洗って、水気をキッチンペーパーで拭き取っておく。
②揚げ油を熱し、約160℃で5分ぐらい揚げ、仕上げに火力を強めて180℃でカラリと揚げる。
③揚げたてに塩をふりかける。

網ですくう

タナガ獲り

冷汁

シマ（集落）には単なる嗜好ではなく、先祖から伝承されてきた沢山のシマ料理があります。でも、長い年月の中で忘れられ、あまり作られなくなっている料理があることも事実です。その一つ、「冷汁」は麦が主食で、保温用の炊飯器もなかった往時、忙しい農家の食事として、「冷やご飯」の利用や夏場の滋養のために考えられたと思われます。

　昭和40年代頃まで、麦は芋と同じくらい、ほとんどの農家で主食用と味噌用に作られていたそうで

す。大麦は粉に挽き（ハッタイコ）、小麦は味噌用に。地場産の麦は硬いので、水に浸け炊いて軟らかくしてから米や芋と炊き、麦飯や芋麦飯にして食べていたそうです。『南島雑話1』（83頁）に、「麦も少々植て食用とす。食製は吾藩民家の製に異ならず。吾藩の人に馳走すとならば、冷汁にて調ふもあるなり」と記されています。宮崎県西都市には冷汁保存会があり、この地域の女性は母親の冷汁の作り方を覚えて嫁ぐそうです。私たちも「冷汁」を忘れることなく、次の世代へ伝えていきませんか。

◆材料（4人分）

大麦…2カップ　白米…1カップ　卵…3個　タナガ（手長えび）…200g　味噌…大さじ3　生姜…1片　大葉、みかんの皮、ネギ…少量
出し汁（冷やす）…水1.8ℓ、昆布30g、かつお削り節50g（鍋に水と昆布を入れ、弱火にかけ、ゆっくり温度を上げる。60℃に保ち30分～40分かけて煮出し、昆布を取り出す。85℃まで温度を上げて火を止め、かつお削り節を一度に加える。かつお削り節が沈んだら、キッチンペーパーなどを敷いたザルでこし、汁気がきれるのを待つ）

◆作り方

①大麦、白米を洗って麦ご飯を炊く。
②卵をわり、錦糸卵を作る。
③タナガをよく煮詰めて、すり鉢ですりつぶす。（ミキサーにかける）
④フライパンに味噌を入れて弱火で乾煎りし、焼き味噌を作る。
⑤生姜、大葉、みかんの皮、ネギを細かく刻んで薬味を作る。
⑥③に④を入れてよく混ぜ合わせ、冷やした出し汁を加えて混ぜ、かけ汁を作る。
⑦麦ご飯を器に盛り、②の錦糸卵や⑤の薬味をのせ、⑥のかけ汁をたっぷりかける。

・麦ご飯はとても健康的ですが、うるち米を少量混ぜると食べやすくなります。

マダ(イカ墨)汁

イカの墨はマダと呼ばれ、マダ汁は「ワタサレ(腸の掃除)」といい、腸をきれいにする料理として重宝されてきました。その証拠が、翌朝のお通じに顕著に表れます。また、沖縄では、サギグスイ（下げ薬）といって、頭痛やのぼせに効くといわれています。

マダ汁の黒い色になじめない方もいらっしゃると思いますが、黒豚、黒糖、キビ酢、ジョウヒ餅、黒ニンニクなどに代表されるように黒の食文化を味わってみてください。食べながらお歯黒のようになっ

ても、黒い汁の中に潜む魅惑的なイカの身と口いっぱい広がるマダのうま味とコクには勝てないでしょう。

甘みのあるアオリイカは刺身で味わうのはもちろんですが、イカ墨を使ったイカ墨パスタ、イカ墨のオムライスなどにもチャレンジしてみてください。黒糖焼酎を飲んだあとのマダ汁、いかがでしょうか。

◆材料（4人分）

ミズイカ（アオリイカ）… 1杯（約400g）
墨袋…1杯分
水…5カップ
かつお削り節…50g
味噌…大さじ3
ネギ…2本

◆作り方

①鍋の水が沸騰したら弱火にし、かつお削り節を入れて30秒煮出したら火を止める。かつお削り節が沈んだら、きめの細かいザルでこし、出し汁をとる。
②アオリイカを軽く塩でもみ、ぬめりを取って洗う。胴と足を手で引き抜き、墨袋を破らないように丁寧に取り出しておく。
③胴は薄い皮をむき、足は吸盤を切り取って、食べやすい大きさに切る。
④ネギを洗って、小口切りにする。
⑤鍋に①の出し汁と③を入れ、沸騰したらアクを取る。
⑥火を弱火にし、味噌を溶かす。
⑦墨袋からイカ墨をしぼり出して入れ、全体を混ぜてネギをちらす。

海・川の恵みの料理

すのり（もずく）のすまし汁

ナガマツモ科に属するオキナワモズクは、サンゴ礁や藻の枝葉などに着生して育ちますが、最近は、養殖のものも多く見られるようになりました。奄美大島産もずくは、本土産のものに比べてコシがあって弾力性に富んでいるといわれます。友人が龍郷の海に浸かって旬のもずくを採って来てくれました。タンパク質、カルシウム、鉄、ビタミン、アルギン酸、カロチンなどたくさんの栄養素が含まれています。若もずくを練り込んだもずくそばが与論島で

販売されていますが、適度なコシと食感が美味です。

『高崎くづれ大島遠島録』には、嘉永3年5月19日、藤由気の妻が、すのりをのりの汁のようにして、大島のそうめんですと出してくれたが、本当にそうめんのようにおいしかったと記録されています。このほか、もずくの酢の物、天ぷら、味噌汁、茶碗蒸し、鍋ものなど、いろいろな料理の食材として適していると思います。

◆材料（4人分）

生もずく…200g
水…5カップ
昆布…10g
かつお削り節…30g
薄口しょうゆ…大さじ2
タンカン（旬の柑橘類）の皮…1/4
シソの葉…少々

◆作り方

①もずくを洗ってザルにあげておく。
②鍋に水から昆布を入れ、沸騰したら取り出す。
③かつお削り節を入れ、沸騰直前に、サラシ布をひいたザルにそっとこぼす。
④③を鍋に移して火にかけ、薄口しょうゆで味を調え、①のもずくを入れる。
⑤お椀によそい、みじん切りにしたタンカンの皮、千切りにしたシソの葉をそえる。

オーサ(アオサ)の天ぷら

奄美大島で採れるアオサは、和名ヒトエグサ（一重草）。本土で採れる海藻の一種アオサとは、分類学上異なります。旬は1月下旬から3月中旬ごろで、岩の上など海岸一面、緑のジュータンを敷いたようにアオサに覆われ、あちらこちらでアオサ採りの光景が見られます。この時期、海水がぬるむごとにアオサが成長するといわれるほど、成長が早いです。

アオサの根に付着した砂や泥など、採ったすぐの方が落ちやすいので、海水で揉むように洗います。保

存の方法は、使う分ずつを小分けにして冷凍に。または、風通しの良い所で乾燥した後、そのままでも使えますが、日持ちを考えると冷蔵か冷凍が良いです。

アオサには、タンパク質、ビタミンA、B_2、B_{12}、カルシウム、ミネラル、葉酸などが含まれています。天ぷら、汁物、佃煮、茶碗蒸し、雑炊など、芳醇な磯の香りや色を楽しむ料理にご利用ください。

◆材料（4 人分）

アオサ（生 または、冷凍）…100g
サクラエビ（生 または、冷凍）…30g
小麦粉＋コーンスターチ…80g（60g ＋ 20g）
冷水…50cc
揚げ油…適量

◆作り方

①アオサは、冷水で洗ってザルにこぼし、水気を絞る。
②サクラエビは、水で洗ってザルにあげ、ボウルに入れ①と混ぜる。
③小麦粉とコーンスターチを混ぜ 20g を②にふりかけ、さっと混ぜる。
④ボウルに残りの小麦粉＋コーンスターチ（60g）＋冷水を混ぜ、タネを作る。
⑤揚げ油を 170℃に熱し、③をすくって④のタネに付けて揚げる。

イユン（魚）汁

奄美大島でフエダイ科のウンギャル（マツ）と呼ばれている魚は、旬が夏で、水深が深い岩礁域に生息します。オーウンギャルマツと呼ばれる魚はアオダイ、キーウンギャルマツはウメイロ、シルウンギャルはシマアオダイが和名。鹿児島での地方名は、前者から順にホタ、シロホタ、キホタと呼ばれます。それぞれの和名の由来は、アオダイは、体色が青いから。ウメイロは、背中から尾びれにかけての黄色を熟した梅色に重ねたもの。シマアオダイは、背

側にのみ黄褐色の太い横帯があり、縞模様に見えるから。歯触りが良い上質の白身なので、魚の出しが効いたイュン汁ほか、刺身や焼き魚、煮付けなどに。

『大島遠島録』では、嘉永3年8月11日、藤進よりヲンギャロ1疋、藤由気よりヲンギャロ1疋、実淳より唐金竹の竹の子2本を。また、8月19日、亀蘇応より、ヲンギャロ魚5匹と菜をくれたという記録がみられます。8月13日、八月踊りを2、3軒、見物に行った、とありますので、名越左源太は、夏に採れるキンショーダーナ（ホウライチク）かと思われる竹の子とヲンギャロを調理して酒の肴にしたのでしょうか。

◆材料（4人分）

魚（オーウンギャル）…1匹
水…1ℓ
味噌…大さじ4
ネギ…少々

◆作り方

①鍋に水を入れ、火にかける。
②魚のうろこをとり、二枚におろして中骨付きの半身を皮付きでぶつ切りにする。（半身は刺身でいただく）
③①が沸騰したら、②の皮付きのぶつ切りを鍋に入れる。
④魚が煮立ったら、アクをすくい味噌をとく。
⑤器によそい、斜め切りにしたネギをちらす。

野菜の料理

ナベラ（へちま）の味噌炒め

糸瓜（へちま）といえば、身体を洗うタワシや化粧水としての利用がイメージされますが、奄美大島では古くから食べられていました。江戸時代末期の記録『高崎くづれ大島遠島録』（２１８頁）には、「嘉永３年10月４日亭主より、糸瓜と木の子を、汁の実に呉申候事」と記されています。

島の暑い夏を乗り切るためにも、もっと食べたい夏野菜。旬は６〜９月頃。ビタミンやミネラルが豊富で低カロリー。味噌と相性が良く、味

噌汁もシマ料理の一品として親しまれています。

また、ツタの切断面から摂取するへちま水は肌荒れだけでなく、風邪のせき止めや痰きりなどの効用もあります。

◆材料（4 人分）

へちま…300g
豚肉（バラ肉か肩ロースのスライス）…200g
味噌…大さじ3
島ザラメ…大さじ2（味噌の塩分によって調整）
お湯…100cc
花かつお…30g　油…大さじ1

◆作り方

①へちまの皮をむき、2㎝ぐらいの輪切りにしたら、水に浸けアクを取る。
②豚肉は5㎝ぐらいの長さに切る。
③味噌と島ザラメにお湯を加え、混ぜて溶かす。
④フライパンを熱して油を入れ、②の豚肉を炒める。
⑤①のへちまを入れて炒め、花かつおを加えて炒める。
⑥③の溶かした味噌を加えて、3分ぐらい炒めて火を通す。（好みで豆腐を入れても美味）

野菜の料理

ニガグリ（苦瓜）のかんたん漬物

ニガグリ（苦瓜）の名の通り、独特の苦味があります。苦味成分の正体は、モモルデシン。胃の働きを整える効果があり、夏バテを吹きとばしてくれます。カロチンやビタミンCを多く含んでいて、熱にも壊れません。旬は5～9月ごろですが、最近は1年中、見られます。

亜熱帯気候の奄美では、漬物は長持ちしないので、発達しなかったのか、以前は、高菜や大根、南瓜、瓜、冬瓜、*タチワキ、牛蒡、昆布、糠などの類、*イギス、*ウルノハなどを味

噌漬けにしたそうです（『南島雑話1』〈88頁〉）。

この夏、南向きの我が家では、ベランダのプランターに植えた苦瓜の苗がネット伝いに屋根まで伸びて、緑のカーテンが日除けに。小ぶりですが、7、8個の実が嬉しい収穫でした。

*タチワキ――なた豆
*イギス――カタメンキリンサイ・トゲキリンサイ
*ウルノハ――キリンサイ

◆材料（4人分）

苦瓜…1kg
（縦2つ割にしてスプーンで種とワタを取り除いたもの）
薄口しょうゆ…250cc
酢…100cc
島ザラメ…400g
塩…小さじ $1+\frac{1}{2}$

◆作り方

①全部の材料をフリーザーバッグに入れる。
②混ぜながら軽くもみ、3時間ぐらいねかせる。
③苦瓜を取り出し、図のように切る。

・縦の繊維を食べると、歯ごたえがして美味。
　下図のように切ってください。

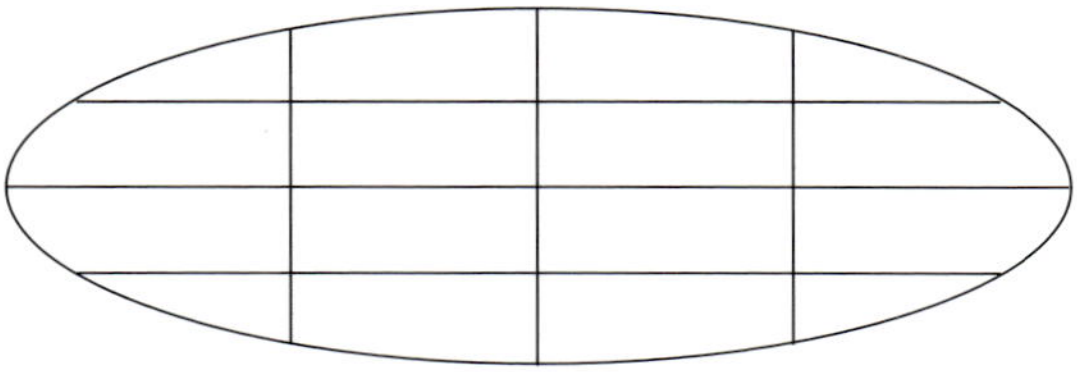

野菜の料理

ジマム（落花生）味噌

南京豆とも呼ばれる落花生には、さまざまな栄養が含まれています。タンパク質、脂質、マグネシウム、鉄、ビタミンなど栄養価の高い成分を数多く持つ食材です。渋皮にはレスベラトロールというポリフェノールの一種が豊富に含まれています。

奄美大島では、落花生は江戸時代後期の『南島雑話2』「落地生の事」（217頁）に記録が見られ、すでに作られていたようです。味噌は大和味噌、蘇鉄味噌、椎味噌、百合味噌、*テヘチ味噌ほか、数多く作られ

ていたと紹介されています。

ジマム味噌はご飯の副菜やお茶請けとして、おもに奄美大島、徳之島などで作られています。

＊テヘチ味噌——テヘチ木（シャリンバイ）の実を麹にした味噌

◆材料（4人分）

地豆（落花生）…500g
島味噌（茶請け用）…500g
島ザラメ…200g
かつお節（地場産）…100g
揚げ油…適量

◆作り方

①ボウルに、島味噌と島ザラメを混ぜておく。
②天ぷら鍋に落花生（渋皮付き）を入れて、落花生がかくれるくらいに揚げ油を入れ、加熱する。
③サラダ油の温度が上がってきたら弱火にし、じっくり中まで火が通るように落花生を混ぜながら揚げる。
④落花生がきつね色になったら、フライパンに取り出す。
⑤④にかつお節を加え、弱火で炒める。
⑥⑤に①を加え、練るように炒める。

野菜の料理

ハンダマの和え物

ハンダマ（水前寺菜）はビタミンA、B_2、鉄分などを含んでいて、血液をきれいにして貧血に効く「血の薬」といわれています。また、目の疲れ、腫れ、風邪の引き始めなどにも効用があります。

奄美では古く、薩摩藩制下の時代から食べられていたようで、文潮光著『奄美大島民謡大観』（168頁）には「タレカスと云って正中を醸造したコージの糟《かす》が主食で、それにカライモの葉やハンダマと云う野生の草を煮て――」と紹介されています。

昔の人々は粗食でしたが、この土地でできた自然の恵みいっぱいの食べ物を食べていたからこそ、農作業などが長時間でも元気にでき、長命だったのだと思います。

また、ハンダマは沖永良部島の方言でヌブシサギ（血圧を下げる）といわれています。

◆材料（４人分）

ハンダマの葉（茎を除く）…200g
塩…小さじ1/2
しょうゆ…大さじ３
みりん…大さじ２
かつお削り節（地場産）…30g
煎りごま…30g

◆作り方

①ハンダマの葉を摘み取り、水で洗ってザルにあげておく。
②沸騰した湯に塩を入れ、①をさっとゆでて、冷水で冷やしたら水気を十分に絞る。
③②を3㎝ぐらいに切る。
④③にしょうゆ、みりん、かつお節、煎りごまを加えて、和える。

野菜の料理

ターマン（田芋）の黒糖煮

水田などの湿地で栽培される田芋は芋だけでなく、地域によって、「ムジ」や「クヮリ」と呼ばれる茎も食用にします。カリウム、カルシウム、鉄分、ビタミンA、Cなどを含み、田芋を煮て食べると、体力低下や胃腸の疲れなどに効果があるそうです。

親芋の周りに小芋がたくさん付くことから子孫繁栄や豊かさの象徴とされ、沖永良部島の墓正月など、年中行事の料理などに使われています。熱帯アジアが原産といわれ、稲作以前の作物として先人の生活を支

えてきました。

現在は、主に奄美市笠利町屋仁、龍郷町戸口、秋名、喜界島、与論島、沖永良部島などで作られています。

◆材料（4 人分）

田芋…1kg
水…田芋がかぶるぐらいの量× 2（②③で使用）
塩…小さじ $\frac{1}{2}$
黒砂糖粉…100 g
しょうゆ…大さじ 2
油…大さじ 1

◆作り方

①田芋の皮をむいて、大きいものは 4 ～ 5㎝に切る。
②鍋に①と水を入れ強火で煮、沸騰してアクが出たら、ザルに取り水で洗う。
③鍋に水を入れ替え、強火で煮て軟らかくなったら、ザルにあげる。
④フライパンに油を熱して、③を入れ、塩を加えて炒める。
⑤④に黒砂糖粉、しょうゆで味をつけ、木ベラで混ぜながら、てりが付くよう煮含める。

クヮリの味噌炒め煮

水性栽培の田芋は祝祭や先祖の御霊へのお供え物には欠かすことのできない作物です。呼び名が地域によって異なり、南大島や沖永良部島ではムジウム（水芋）、北大島ではクヮリオモ（慈姑芋）と呼び、茎はムジ、クヮリと呼ばれます。茎の内部はすかすかして、多くの細かい穴が縦走して通っていることから、神さまが通ってくると信じられ、お盆のお供えなどに使われます。

送り盆の先祖祭りには、墓へ行く前に親族そろって同じ食事をします。

共食することで、ケガレを祓うといわれています。墓へはクヮリを小さく刻んで米粒とまぜたものを重箱や折箱に詰めて持参、墓前に供えたり、墓の四隅へ置いて拝みます。他に、クヮリの白和えなどもおいしいですよ。

◆材料（4人分）

クヮリ（田芋の葉茎）…300g
塩豚…200g（豚バラ肉に小さじ2の粗塩をして一晩ねかせる）
豆腐…1/2丁　味噌…大さじ4
島ザラメ…大さじ2　みりん…大さじ2
油…小さじ1

◆作り方

①クヮリの皮をむき（汁が手につくとかゆくなるので、ビニールの手袋をする）、水で洗って、約4cmの長さに切る。
②鍋のお湯が沸騰したら、①をさっとゆでて水にさらし、軽く絞って水気をきる。
③沸騰したお湯に塩豚を入れ、弱火で30分ぐらいゆで、約1cmの厚さに切る。
④豆腐の水気をきり、一口大にちぎっておく。
⑤ボウルに味噌、島ザラメ、みりんを合わせておく。
⑥鍋またはフライパンに油を熱して、③を入れて炒め、②と⑤の調味料を加えて混ぜ、煮立ったらアクをすくう。
⑦⑥に④を入れて軽く混ぜ、落としぶたをして5分ぐらい煮て味をしみ込ませる。

野菜の料理

パパイアの味噌漬け

マンジュマイ、モッカとも呼ばれるパパイアは熱帯アメリカ原産ですが、現在では奄美各地で栽培され、野生化もみられます。未熟果の乳白色の汁の中にはパパインというタンパク質を分解する酵素があり、肉と一緒に煮込むと軟らかくする働きがあります。奄美では、パパイアは江戸時代の終わりごろには、すでに野菜として食べられていたようです。現在は煮物、炒め物、和え物、味噌汁などに使われています。

『南島雑話1』（87頁）には、色々

な味噌が作られていたことが紹介されていますが、蘇鉄味噌のことを、「蘇鉄を麹にして大豆を入れて搗。色赤く、別て奇麗に味もよく、最上の味噌なりと云」と褒め称えています。

野菜や豚、魚介類などの味噌漬けは、亜熱帯の気候風土に適した保存食として考えられたのでしょう。

◆材料（4 人分）

パパイア…1kg
水…1ℓ
塩…25g
ナリ（蘇鉄の実）味噌…750g（④）+750g（⑤）

◆作り方

①熟していないパパイアを4つ割りにして、皮をむき、種を出して洗う。
②ボウルに水と塩を入れて塩水を作り、①を一晩つけてアクをぬく。
③翌日、②をザルにあげ、水気を切る。
④タッパーの底からナリ味噌、③、ナリ味噌、③と交互に重ねるように入れる。
⑤水分が出てくるので、5日ぐらいで新しいナリ味噌に取り替え、漬かり具合は好みで、薄めに切って食べる。

・味噌漬けに使ったナリ味噌は、味噌こしでこして味噌汁に利用。

野菜の料理

ネンギャナ

『南島雑話1』（30頁）に甘諸についての記述がみられますので紹介しましょう。「豊年の時の飯料、唐芋を煮て其まま三度共に食す。少し不足と見る時はネンギャナとて、煮たる芋を突崩して食す。ネンギャナの事をダゴという所あり。ハノスバンと云う処あり」

また、4、5月頃、土を掘ってみて、根の形が曲がっている年は豊年で、それは根の成長が早くて土を分けることが出来ず根が曲がるためで、甘諸の生育がよいから豊年が望める

のだ、ということも記されています。

甘藷が奄美に伝わったとされる藩政下の頃は、米が少なく、庶民の常食は甘藷でした。素朴な味の同じ食材で形を変えただけの料理ですが、不作の時などは、少しでも、視覚的にも量が増えるように見え、違った味と食感にと工夫をこらした先人の知恵が偲ばれます。

『シマ　ヌ　ジュウリ』では「トン・ニンギャナ」という料理名で紹介されています。

◆材料（4 人分）

甘藷（サツマイモ）…300g
塩…小さじ 1

◆作り方

①甘藷の皮をタワシやスポンジでこすって洗う。
②鍋に水をたっぷり入れ、①を水から入れて、軟らかくなるまでゆでる。
（芯まで火が通っているか、箸で突いて加減をみる）
③②の甘藷を鍋から取り出して、皮をむく。
④すり鉢に③の甘藷を入れ、塩を加える。
⑤④が冷えないうちにすりこぎでつぶしてこねる。

椎の実ご飯

奄美では、亜熱帯気候性の椎、イタジイが多く見うけられます。大正時代の頃まで、旧暦の9月ごろになると、主食の足しにする椎の実を拾いに山に登るものでした。11月になって風が強く吹くと、「明日はウージビレ（大椎拾い）だよ」といって、集落の全員が早起きをして家族総出で椎の実拾いをしたそうです。（『奄美生活誌』〈63頁〉）

椎の実を保存するには、虫食いを除いて殻ごとゆでた後、干して乾燥させて保存します。食べるときは、

殻を割り、実を水に浸して軟らかくして、お粥、ご飯、ミキ、焼酎、お菓子（蒸し菓子、型菓子）などに利用しました。

　また、拾ってすぐ焼いて食べるヤキジイは、シマの諺に「ヤキジイを作り始めると親の死んだ知らせを聞いても立たない」というぐらいおいしいといわれています。椎の実のなり始める季節には是非、その味を楽しんでみてください。

◆材料（4 人分）

椎の実…大さじ 5（殻を除いたもの）
米…2 合

◆作り方

①椎の実を水につけ、浮いた虫食いをとり除く。
②①を水から鍋に入れ、ゆでて、干して乾燥させる。
③②をスリ鉢などに入れ、すりこぎなどで殻をたたいて割り、中の実を取り出す。
④③の椎の実をボウルに入れ、30 分ぐらい水につけておく。
⑤米をボウルに入れて、水を注ぎ入れ、さっと米をかき混ぜてすぐに水を捨て、ザルにあげる。（ぬか臭さを防ぐため）
⑥⑤をボウルに戻し、新たに水を注ぎ、よく米をといで水を捨て、ザルにあげる。
⑦⑥を 4、5 回繰り返し、ザルにあげ 30 分ぐらいおく。
⑧炊飯器の内釜に⑦の米を入れ、分量の目盛に合わせて水を入れる。（新米の場合は少し減らす）
⑨④の椎の実を水から取り上げて、⑧に混ぜ入れて炊く。
⑩炊き上がったら、しゃもじで底から混ぜ、余分な水分をとばす。

フダンソウと塩豚の味噌煮

季節を楽しむ食材を使ったシマ料理のひとつを紹介しましょう。フダンソウ（不断草）の名は一年を通して葉が下の方から次々に出て絶えることがないという意味に由来するようです。アクの強い野菜なので下ゆでをしてから使います。ビタミンA、B_2、カリウム、カルシウム、鉄分などを含みます。

　奄美では、戦後の野菜類が少なかった頃によく利用されたそうです。昔から「春は苦いものを食べよ」といわれてきました。春には緑とア

クの強い野菜を選びましょう。冬に活動の鈍くなった身体に、刺激の強いものをしっかり食べて目を覚ましなさいということなのでしょうか。

つわぶき、たけのこ、のびる、シンプゼリ（クレソン）、フダンソウなど、アク抜きはめんどうかもしれませんが、島の春の食卓を楽しんで下さい。

◆材料（4人分）

フダンソウ…400g　塩豚（バラ肉塊）…200g
豆腐…半丁　油…大さじ1
合わせ味噌…大さじ4　島ザラメ…大さじ2
みりん…大さじ2　かつお削り節…10g
塩豚のゆで汁…100cc

◆作り方

①小さじ1の粗塩をして一晩ねかせたバラ肉塊をザルに入れ、お湯をかける。
②鍋に水から①を入れて20分ゆで（ゆで汁をとる）、1cmの厚さに切る。
③フダンソウは茎の堅い部分を麺棒などでたたく。
④沸騰したお湯に塩を加え、③の茎のほうから先に入れて葉もゆでる。
⑤④を取り出し水につけてアクを抜き、水気を切って5～6cmの長さに切る。
⑥豆腐は手で適当な大きさにちぎっておく。
⑦鍋に油を熱し、②の塩豚を入れて炒め、⑤のフダンソウと調味料（合わせ味噌、島ザラメ、みりん、かつお削り節、塩豚のゆで汁を混ぜておく）を入れ、落としぶたをしてひと煮立ちしたら豆腐を加えて煮、味を含ませる。

野菜の料理

ニガグリ（苦瓜）味噌

市場を歩いたら、初夏の匂いを漂わせて、店頭に地場産のニガグリが並んでいました。昨年、我が家の緑のカーテンは4月半ばに種をまいて、苗を育てたような気がします。夏に、小ぶりでしたが結構な収穫があり、食卓に上りました。

ニガグリは、カロチンやビタミンCなどを豊富に含んでいて、果皮に含まれる苦味成分（モモルデシン）も夏バテ解消や食欲増進につながる食材です。また、私たちの身体に必要な発酵食品の味噌（大和味噌、蘇

鉄味噌、椎味噌、百合味噌、テヘチ味噌など）は、幕末に作られ食べられていたと紹介されています。

奄美では、ニガグリ味噌はご飯の副菜やお茶請けなどに好んで作られています。

◆材料（4 人分）

ニガグリ…200g
島味噌（茶請け用）…300g
島ザラメ…30g
かつお節（地場産）…20g
卵…2 個
油…大さじ 1 ＋ 1

◆作り方

①ボウルに、島味噌と島ザラメを混ぜておく。
②ニガグリを縦割りにして、スプーンで中の種とわたを取り除き、斜めに約 5㎜に切る。
③フライパンに油大さじ 1 を熱して卵を流し入れ、菜箸で混ぜて大きめの炒り卵を作って皿に取り出す。
④フライパンに油大さじ 1 を熱し、②のニガグリを炒め、かつお節を入れて炒める。
⑤④に①を入れて炒め、③の卵を加えてさっと混ぜ合わせる。

野菜の料理

島ガッキョ（らっきょう）の油炒め

らっきょうは方言でガッキョと呼ばれ、旬は５月から６月。市場を歩くと、生のらっきょうと一緒に塩らっきょう、甘酢漬けなども並んでいます。特有の匂いがぷーんと漂ってきて、季節を楽しむ食材につい手が伸びます。

玉ネギ、ニンニクなどに含まれるアリシンや食物繊維を多く含み、風邪のひき始めや体力の低下、血液をサラサラにする効用などがあります。ぱりぱりした歯ごたえを生かして、生らっきょうのかき揚げや酢味

噌和えなどもおいしいです。

奄美でのらっきょうの栽培は古く、幕末までさかのぼります。今でも、塩漬け、黒砂糖漬けなどが作られ、ご飯に添えて食べられます。

◆材料（4人分）

島らっきょう…200g
かつお削り節…20g
ごま油…大さじ1
塩…小さじ1
しょうゆ…大さじ1

◆作り方

①島らっきょうは薄皮を取り除いて、両端を切り落とす。
②①を水で洗って大振りのものは縦半分に切り、塩をしておく。
③フライパンにごま油を熱し、②の島らっきょうを入れて炒める。
④③にかつお削り節を加えて炒め、香りづけにしょうゆを落とし、炒め合わせる。

フロマメ（十六ササゲ）の味噌炒め

このマメは、古く奈良時代の古書にも見られ、日本には中国から渡来したと伝えられています。沖縄では、「フーローマメ」、奄美では「ホロマメ」と呼ばれています。乾燥させたマメは長く煮詰めても胴割れを起こさないので、縁起をかついで、お祝いの赤飯、菓子、アンなどにも使われます。旬は5月から9月。

『高崎くづれ大島遠島録』の嘉永3年5月19日の項に「夕方藤由気、フロウの初物を魚と煎申候て持参——」、5月23日に「今日は椎飯並

青木瓜・ふろふの煎染を亭主より呉申候――」、6月8日に「今夕実建より、ふろふ小菜を呉申候――」などの記述とともに、「近所の人が初物といっては色んなものを届けてくれる。本当に島の人は親切で恐縮している」というようなことも記されています。

冷蔵庫がなかった時代の、食卓の主役である旬の食べ物は、交際にも大切な役目を果たしていたようです。

◆材料（4人分）

十六ササゲ…300g
豚肉（肩ローススライス）…200g
揚げ豆腐…1枚
油…大さじ1
かつお削り節…10g
味噌…大さじ5
みりん…大さじ2
島ザラメ…大さじ3

◆作り方

①味噌、みりん、島ザラメを混ぜておく。
②沸騰したお湯に洗って5～6cmに切った十六ササゲを入れてさっとゆでてザルにあげ、水にさらして軽く絞る。
③フライパンに油を熱し、豚肉を少しこげ色がつくまで炒める。
④③に②の十六ササゲを入れて炒め、5～6cmに切った揚げ豆腐、かつお削り節を加えて炒める。
⑤④に①の調味料を入れて炒めながら混ぜ、落としぶたをして弱火で5分ぐらい煮る。

野菜の料理

シカクマメのサラダ

シカクマメ（四角豆）の旬は7月から9月ごろ。市場やスーパーの地場産コーナーに並んでいます。沖縄には戦後、ハワイから持ち込まれたといわれ、四角ばっているものが多く、さやの部分の4枚の翼をもつのが特徴で、ビタミンＡ、B_1、Ｃ、カリウムなどが含まれます。

旧暦の8月に入ると、朝晩は少し涼しくなりますが、夏の終わりの体調管理の意味でも、季節を楽しみたい野菜です。

シカクマメのサラダは固ゆでにし

て彩りよく、歯ざわりと香りも残して、さっぱりとした味付けが喜ばれます。また、豚肉と炒めものにしてもおいしいです。

　つる性の植物なので緑のカーテンにも最適です。みなさん、作ってみませんか。

◆材料（4人分）

シカクマメ…100g
トマト…1個
酢…大さじ5
塩…小さじ1/2
オリーブオイル…大さじ5
にんにく…1片（すりおろす）
黒こしょう…3振り

◆作り方

①酢、塩、オリーブオイル、にんにく、黒こしょうを混ぜ、ドレッシングを作る。
②たっぷりのお湯でシカクマメを色よくゆで、冷水で冷やしてザルに取り、水気を切る。
③②のシカクマメを斜めに切る。
④トマトを12等分に切る。
⑤③のシカクマメと④のトマトをボウルに入れる。
⑥⑤に①のドレッシングをかけ、食べる直前に混ぜ合わせる。

島生姜の佃煮

11、12月頃に収穫される生姜は、身体を内側から温めてくれる、ぽかぽか食材として知られています。発汗により寒気を伴う風邪の初期症状や胃腸の冷えなどによる胃腸機能低下防止などに用いられます。日本では、『古事記』に見られるように、古くから利用されていたようです。

奄美では、『南島雑話1』「山畠の事」の項（17頁）に「壱、弐里の奥山に畠を拵へて諸作職をす。至てよく出来る也。——唐芋を第一作り、栗、大根、蕪、黍、赤ゴシャ、里芋、藍、

生姜など至てよし」と、幕末に生姜が作られていたことが記されています。

匂いの強い食べ物は、香りの強いもので匂いを消していきますが、そのような使い方の料理にも生姜は適しています。その他、生姜入りの焼き菓子など作って、冬を元気にお過ごし下さい。

◆材料（4人分）

生姜（島産の新生姜）…500g
かつお削り節…20g
ごま…20g
島ザラメ…200g
しょうゆ…100cc
酢…100cc　みりん…100cc

◆作り方

①島生姜を洗い、皮をむいて薄く千切りにする。
（スライスにしてもよい）
②沸騰した湯に①を入れてかき混ぜ、再度、沸騰したらザルにこぼし、水気を切る。（ゆでる回数で辛さを調節）
③フライパンに②を入れ、水気をとばしてから島ザラメ、しょうゆ、酢、みりんを入れて炒め、かつお削り節を加えて炒め合わせる。
④③を木ベラで水分がなくなるまで根気強くかき混ぜながら煮詰め、最後にごまを加えて混ぜ合わせる。
（②の生姜汁は、お風呂や紅茶にたらして香りをお楽しみ下さい）

座禅豆（大豆のしょうゆ煮）

座禅豆は、大豆（黒豆）を黒糖としょうゆで堅めに煮しめた料理で、僧が座禅をする際に尿を止めるため食べたところから、その名がついたといわれます。全国的に呼ばれている「座禅豆」と同一なのかはわかりませんが、『南西諸島史料集第２巻高崎くづれ大島遠島録』に次のような「座禅豆」の記述がみられます。「嘉永３年６月25日、実建から座禅豆を一重貰った（１７０頁）。８月９日、亭主から、座禅豆他を少し貰った（１９１頁）。８月12日、井に座禅

豆が入っていて、的のようにもみえる蓋を調えて、夫にかひ付待りぬ。このふたは的のがへとも見ゆれともあくれば中はむまいもの也（193頁）。安政2年5月17日、午後4時、長崎助六殿が古見から来て、座禅豆を一重土産に貰う（250頁）」

薩摩への御土産に持たせたほどの座禅豆とは……。『高崎くづれ大島遠島録』の「座禅豆」は、『日本庶民生活史料集成20巻』の注に、大豆を黒糖でからめたものとあり、『名瀬市誌下巻』（640頁）には、ザジマメのことで、ぜんざいのことだと記されています。はたして、『高崎くづれ大島遠島録』の「座禅豆」とはどの料理だったのでしょう。

◆材料（4人分）

大豆…1kg
黒砂糖粉…600g
水…2ℓ
しょうゆ…大さじ3
塩…小さじ2

◆作り方

①大豆を洗って、かぶるぐらいの水に一晩つけ、ザルにあげる。
②鍋に水2ℓと大豆を入れ、強火で煮て、沸騰したら中火にして、20分ぐらい煮ながらアクを取る。
③黒砂糖粉、しょうゆ、塩を加えて、30分ぐらいコトコト煮詰める。

コサンデー（ホテイチクの筍）の味噌汁

コサンデーは４～５月に採れ、初夏が旬。子どもの頃、台所で筍料理を作る母からコサンデーの根元の硬い部分を貰って、小さな水桶やお櫃などを作ってママゴト遊びをしました。また、初めてコサンデーを採りに行ってブトゥ（山蚊）に刺され、腫れて熱がでたことも、この季節がくると思い出します。

コサンデーの採り立てはアクも少なく身が軟らかいので、穂先はさっとゆでるか生で、わさびじょうゆや酢味噌などを付けて食べるとおいし

いです。根元の方は味噌汁のほか、炒め物、煮物、筍ご飯などにして、生命力いっぱいの春のアクのあるものを食べ、冬に鈍くなった身体を目覚めさせましょう。

筍はコサン、金竹、唐竹が採れ、江戸時代、唐竹は黒糖樽のタガ（帯竹）として利用されていたという記録もみられ、島の暮らしにおいて大切なものであったことがわかります。

◆材料（４人分）

コサンデー…2本（小）
雑魚…20匹
ネギ…2～3本
合わせ味噌（米・麦）…150g
水…5カップ

◆作り方

①前日の夜、鍋に5カップの水を入れ、
　雑魚の頭を取り除いてつけておく。
②コサンデーの皮をむき、乱切りにする。
③ネギを洗い、3㎝ぐらいに切る。
④①を火にかけ、沸騰させ、雑魚を取り除く。
　(好みで残してもよい)
⑤②を入れ、沸騰したらアクをすくう。
⑥火を弱め、味噌をとく。
⑦鍋にネギを入れ、すぐに火を止める。

ハテオサの油炒め

『南島雑話１』（79頁）に、「此地に、一種畠海苔（ハテオサ）といへる奇菜、海辺の荒畠に生るなり」と、『南島雑話２』に「ハテオサ山畑ニ生ルノリト海中生ルノリト異ルナシ汁マタ油ニテアゲ食スルニヨロシ」（49頁、51頁）とあります。

方言で「ハテオサ」と呼ばれる藍藻のネンジュモ属の一種であるイシクラゲは、芝生の表面などに緑褐色のプルンとした海草が張り付くように生育。春から夏にかけて収穫することができ、龍郷町など一部の家庭

では今も食べられています。

　台所でハテオサを水につけておくと、存在感をアピールしているかのように磯の匂いを放ちます。古くは食用とされていましたが、飽食の今の時代はあまり食べられなくなり、食糧難などに備えて見直さなければならない食べ物です。ハテオサのように身近にある珍重な生物と環境とのつながりなども理解する必要性を感じます。名越左源太は、「ハテオサは海に生える海苔と変わることなく汁物や油料理に合い美味」(51頁)と記しています。その他、熱湯にさっとくぐらせ、酢味噌やポン酢でもいかがですか。

◆材料（4人分）

ハテオサ（イシクラゲ）…500g
(きれいな場所のものを選んで収穫)
ラード…大さじ1
島ザラメ…大さじ1
しょうゆ…大さじ2
みりん…大さじ1
こしょう…小さじ1/2

◆作り方

①ハテオサを水で洗い、枯草や砂などが混入しているのでしっかり取り除く。
②①を2日ほど水につけ、水を取り替え、何度も丁寧に洗い（ハテオサが水分を含み、少しずつヒダが開いて砂が出るので）、ザルにこぼして水分を切る。
③フライパンを熱し、ラードを溶かす。
④②のハテオサを入れ、炒める。
⑤すべての調味料を入れ、水分がなくなるまで炒める。

野菜の料理

パパイアの生姜風味漬け

奄美の方言でマンジュマイとかモックヮと呼ばれるパパイアは、熱帯アメリカ原産。一般的には果物として黄色く熟した果実を生食やジュースにして食べますが、奄美、沖縄では野菜として、熟す前の青い果実を炒め物や和え物、煮物、味噌汁などに使われることが多いです。

熟果実には、カルシウムやカリウムなどの無機質と、ビタミンCやカロチンなどが含まれています。以前、お年寄りから「貧血ぎみの人は造血作用があるので、熟したパパイアを

食べるといいよ」と聞いたことがあります。また、未熟果実を切ると出てくる乳白色の汁には、パパインというタンパク質を分解する酵素が含まれています。肉と一緒に煮ると軟らかくする働きがあり、機能性が高く、もっともっと活用したい島の野菜です。

◆材料（4人分）

パパイア（未熟果実）…4kg
粗塩…1/2カップ
島ザラメ…800g
薄口しょうゆ…1ℓ
みりん…1カップ
生姜…50g

◆作り方

①鍋に島ザラメ、薄口しょうゆ、みりんと生姜をおろして入れ、沸騰したら、火を止め、冷ましておく。
②パパイアを縦2つに割って種を除き、皮ごとスライスする。
③②のパパイアを粗塩でもみ、漬物器で漬け一晩おく。
④翌日、③から出た水分を捨て、水で洗い、漬物器で水気をしっかりと絞る。
⑤容器に④を入れ、①のタレを流し入れて混ぜ、密閉して冷蔵庫へ。

・2日目ぐらいからが食べ頃です。

カラフネの炒め煮（甘藷のつる）

甘藷（サツマイモ）のつる（茎）

カラフネは、7月から8月頃に繁茂します。秋の運動会の頃まで市場に見られ、お弁当の重箱に入れたい食材です。甘藷は、古くから島の人々の主食として命を支える食料でしたが、栄養的にもお腹にも、満足するほど足りてはいませんでした。それを補うために食物繊維が多く含まれる茎の利用も考えた先人の知恵に感服します。

近年になり、主食が米食や粉食に替わるまで、ゆで芋はトンフゾケ（芋

を盛る竹カゴ）いっぱいに盛られ、食卓の主役を飾っていました。甘藷は、年中行事のお菓子（シキ、ヒキャゲ、カシャ餅、ヨモギ餅などを作る時、軟らかくしたり、粉のつなぎとして使う）やミキを作る発酵のための絞り汁、味噌などにも欠くことのできないものです。

甘藷のつるを使って、汁の実やごまをちらした酢味噌和え、佃煮、きんぴらなどにして、食物繊維が腸を整えてくれるヘルシーな島野菜を献立に取り入れましょう。

◆材料（４人分）

甘藷のつる…300g　重曹…小さじ１
豚肉（肩ロース薄切り）…200g
油…大さじ１　揚げ豆腐…１枚
人参（中）…１本　コンニャク…１枚
雑魚…100g　しょうゆ…大さじ３
みりん…大さじ２　塩こしょう…小さじ$^{1}/_{2}$

◆作り方

①沸騰したお湯に重曹を入れて甘藷のつる（葉をおとして茎だけにしたもの）をゆで、皮をむいて水にさらしたあと、10cmぐらいの長さに切る。
②豚肉を5cmぐらいの長さに切る。
③人参は４つ割りし、約5cmの長さに切る。
④コンニャクは1cmぐらいの厚さに切り、中心に切り込みを入れ、片側を切り込みの中に入れ、ひねる。
⑤揚げ豆腐は半分にし、2cmぐらいの厚さに切る。
⑥フライパンを熱して、油を入れ、雑魚をカリカリになるまで炒める。
⑦⑥に豚肩ロースを入れて炒め、人参、甘藷のつる、コンニャク、厚揚げを加えて炒め、しょうゆ、みりん、塩こしょうを入れて混ぜ、落としぶたをして時々混ぜながら水分がなくなるまで弱火で煮る。

島人参のきんぴら

人参は、地域の気候に応じた品種が栽培されていて、一年中市場に出回っている台所の常備野菜です。小さめの島人参が収穫できる季節、9月から12月頃に八百屋や無人販売所に行くと、カゴに盛で売られているものを購入して多めに作りたい常備菜のおかずです。人参は油で炒めることでカロテンが増し、栄養的に優れた野菜です。無農薬のものは、洗って皮ごと作るのもおすすめします。

笠利町佐仁では、「旧暦七夕の雨が降る頃、種をまく」ショウ（佐仁）

ニンジンやショウドコネ（大根）が採れるそうです。なるべく、食卓に上るものは、安心して食べられる、自分たちの地域で採れる食材を活用したいですね。人参の橙色とごまの黒とのコントラストが食欲をそそります。以前、郷土研究家の亀井勝信氏が評した「シマジュウリは目の料理」という言葉を思い出します。

◆材料（4 人分）

島人参…300g
ごま油…大さじ 2
塩こしょう…5 g
黒ごま…10 g

◆作り方

①島人参を洗って皮をむき、千切り（包丁で）にする。
②フライパンを熱し、ごま油を入れ、強火で①の島人参を炒める。
③しんなりしてきたら、塩こしょうをふり、炒める。
④仕上げに黒ごまを振り入れ、混ぜて火を止める。

シンプゼリ（クレソン）のごまじょうゆ和え

クレソンは奄美大島で、カトリック教の神父が伝えたといわれ、「シンプゼリ」と呼ばれています。写真の食材は、小宿の福里で採れたシンプゼリで、存在感のある春の香をほんのり漂わせ、季節を楽しませてくれます。

クレソンは別名「ミズガラシ」とも呼ばれ、辛味成分の「シングリン」が含まれていて、消化促進、食欲増進、血液の酸化防止効果などがあるといわれています。サラダ、炒め物のほか、料理の付け合わせなどに素

敵なアクセントとして彩をそえてくれます。

◆材料（4人分）

シンプゼリ…200g
本みりん…大さじ1
しょうゆ…大さじ1
炒りすり黒ごま（喜界島産）…大さじ1
かつお節…5g
塩…少々

◆作り方

①シンプゼリを洗い、塩少々を入れた熱湯でさっとゆで、水にとる。
②水気を絞って、2cmの長さに切る。
③みりん、しょうゆを入れて混ぜる。
④炒りすり黒ごま、かつお節を加えて和える。

野菜の料理

ツバシャ（つわ蕗）の佃煮

冬に黄色いかれんな花が咲くツバシャ（つわ蕗）の茎は食物繊維が多く、健康的にも優れた食材です。佃煮ほか、ツバ菓子、大晦日のウァンフネヤセ（豚骨野菜）など、季節の行事には欠かせない食材です。採集してから、ゆでて皮をむきアクをぬく作業は手間がかかりますが、少し苦味を残した方が通の方には好まれます。素手で皮をむくと指先や爪まで真っ黒に染まります。

３月から５月頃が旬で、葉は吸い出しや血止めとして使われていまし

た。素朴で野趣な食材を自分で採集し、下処理などを丁寧にして作った料理は、また格別だと思います。旬の時に採ったツバシャはゆでて塩漬けや冷凍、または、2日ぐらい天日に干して乾燥させるなど上手に保存して、いつでもツバシャ料理が楽しめるようにしたいですね。

◆材料（4人分）

ツバシャ…700g　塩…少々　干し椎茸…100g
椎茸の戻し汁…2カップ　島ザラメ…150g
しょうゆ…150cc　酢…100cc　みりん…150cc
かつお削り節（大熊産）…30g　炒りごま…30g

◆作り方

①鍋に塩とたっぷりの水を入れ、20㎝程度の長さに切ったツバシャを入れて30分ぐらい強火でゆで、ザルにこぼして水につける。
②①の皮をむき、たっぷりの水に一昼夜つけてアクをぬく。（水を数回替える）
③水でもどした干し椎茸を水から出して絞り、千切りにする。
④②を繊維にそって½～¼に（太さによって加減）竹串などで裂き、約3㎝の長さに切り揃える。
⑤フライパン（または底の厚い鍋）に③の干し椎茸、椎茸の戻し汁、④のツバシャ、島ザラメ、しょうゆ、酢を入れ、落としぶたをして中火で約30分煮る。
⑥ふたを取り、混ぜながら水分がなくなるまで煮詰める。
⑦水分がなくなってきたら、みりん、かつお削り節を加えて、焦がさないように混ぜながらしっかり煮詰めて火を止め、ごまを混ぜる。

野菜の料理

ガッキョ（島らっきょう）の甘酢漬け

ネギの仲間のらっきょうは、中国が原産といわれる多年草。江戸時代に記された『南島雑話２』（２１７頁）の中で、「抱居の事」と１項目を立てて「此島ダッキョを多分に作りて家に塩漬にして朝夕の添物とす。――」と説明されている野菜。島の生活の中で多く栽培され、大切な食物とされていたと思われます。

らっきょう漬けは、香りと歯触りが特徴のお漬物で、旬が短く、５月から６月が漬けるシーズンです。下処理が大変ですが芽が伸びるので、

らっきょうを入手したらその日のうちに漬けこむのがコツ。硫化アリルによる香りがきついので敬遠もされがちですが、一粒、一粒、ひげ根と芽先を切り、薄皮をむいたりしていると宝物に思えてくるから不思議です。塩漬けをしたら、小分けにして甘酢漬けのほか、油炒めや酢味噌和え、かき揚げなどにしてお楽しみください。

◆材料（4人分）

島らっきょう…2kg　粗塩…60 g
赤唐辛子…4本（種をぬき、2本は小口切りに）
A　キビザラメ…500 g　酢…800cc　水…200cc

◆作り方

①根と芽先の部分を適度に切りおとす。
②水でさっと洗って土をおとす。
③新しい水でらっきょうをもむように洗って水をこぼし、薄皮をむく。
④塩をして全体をまぜ、一晩漬けておく。
⑤水で洗って塩分を抜き、キッチンペーパーで水分を拭き取る。
⑥ガラス瓶の8分目までらっきょうを入れ、上に赤唐辛子をちらす。
⑦Aの材料（キビザラメ、酢、水）を沸騰させ、熱いまま⑥のらっきょうが入ったガラス瓶に注ぐ。(らっきょうがかぶさるぐらい)
⑧完全に冷めたらふたをして、冷暗所に保存する。

・10日後ぐらいから食べ頃。
・冷蔵庫に保存の場合は小さめの容器に小分けにする。

マコモタケの炒め物

マコモは方言で「タイワンダーナ」と呼ばれ、10月頃が旬です。日本をはじめ中国の東部から東南アジアに広く分布しているイネ科の多年草で沼や川に群生する水生植物。若茎が黒穂菌《くろぼきん》に刺激され肥大した部分を「マコモタケ」と呼び、食用や薬用に利用してきました。

古くから日本に自生しているものは、茎が肥大せずマコモタケにならないので、食用の栽培種として中国などから導入された系統が栽培されています。熟してくると黒穂菌が黒

い斑点のように現れますが、無害なので早めにお召し上がりください。黒穂菌の胞子は「マコモズミ」と呼ばれ、眉墨や鎌倉彫りの古色づけ、香川漆器の象谷《ぞうこく》塗りなどに使われています。

マコモタケは、カリウムやビタミンなどを含み、ほどよい歯ごたえと淡泊な味は、炒め物や煮物、てんぷら、肉巻、キムチ漬けなどに適しています。

◆材料（4人分）

マコモタケ…200g
ツキアゲ（またはさつま揚げ）…200g
豚バラ（スライス）…200g
ごま油…大さじ1
島ザラメ…大さじ1
しょうゆ…大さじ2
酒…大さじ1

◆作り方

①マコモタケの皮をむき、厚さ約2cmの斜め切りにする。
②豚バラ肉を約5cmに切る。
③ツキアゲを約1cm幅に切る。
④フライパンを熱し、ごま油を入れ豚肉を炒める。
⑤①のマコモタケを加え、全体に油がまわるようしんなりと炒める。
⑥③のツキアゲを入れて軽く炒め、島ザラメ、しょうゆ、酒を加えて混ぜ、味を調える。

マコモ刈り

高菜の炒め煮

タカナは多くの品種があるカラシナの一種で、奄美大島では「ミスナ」とも呼ばれます。タカナの辛味の成分は、シニグリンといい、ビタミンやカルシウム、カリウム、鉄分なども多く含む栄養価の高い野菜で、風邪のひき始めなどに食べるとよいようです。

タカナは、漬物や煮物にして食べるのが一般的ですが、塩をしてしんなりさせてから、チャーハンや炒め物などに使うと便利です。塩漬けにして保存しておくと、冷蔵庫の葉野

菜がなくなった時に重宝します。

藤井つゆ著『シマ　ヌ　ジュウリ』に「たか菜漬け」、「たか菜の本漬け」、「たか菜の油炒め」、「たか菜の味噌煮」のレシピが掲載されています。タカナは『南島雑話1』（88頁）では味噌漬として利用されており、奄美大島で古くから食べられている葉野菜です。

◆材料（4人分）

タカナ…500g　塩…（お湯の量の1%）
豚バラ肉（塊）…300g　人参…1本
島ザラメ…大さじ2
しょうゆ…大さじ3
かつお削り節…6g

◆作り方

①豚肉の表面全体をフライパンで焼き、沸騰したお湯でさっと湯洗いをする。
②水を入れた鍋に①を入れ、煮立ったらアクを取りながら弱火にして約30分煮る（出し汁は他の料理に利用してください）。煮ながら④の工程を始める。
③冷めたら、約1㎝幅に切る。
④タカナを水で洗い、ザルにあげ水切りをする。
⑤沸騰したお湯に塩を入れ、④をゆでる。
⑥冷水にさらしたら、水を切ってしぼり、約3㎝の長さに切る。
⑦人参の皮をむき、縦に真ん中割りにし、斜めにスライスする。
⑧フライパンで③を炒め、油が出たら、⑦を入れて炒め、⑥を加え、かつお削り節、島ザラメ、しょうゆを入れて炒めながら味を煮含ませる。

野菜の料理

さやいんげんのごま和え

さやいんげんは3～5月が旬で、いんげん豆の若ざやを食用とするものです。いんげん豆は中南米原産で、16世紀末にヨーロッパを経由、中国に伝わりました。日本へは１６５４年、明からの帰化僧、隠元禅師が持ち込んだとされ、この名の由来となりました。食用としてのさやいんげんは江戸末期に伝わり、それまで食べられていた「虹豆（フロフ）醤油ニテ煮染テ用ユ」と『南島雑話1』（95頁）にも記述のある種類より、肉厚で甘味があるので、その後の普及

は早かっただろうと考えられます。

現在、市場に出回っているものの多くはすじなしのさやいんげんです。栄養的にはカロテンが多く、レクチン、リジン、ビタミンC、食物繊維がバランス良く豊富に含まれていて、和え物、おひたし、サラダ、炒め物、煮物、天ぷら、汁物などに使われています。多めにいただいたり、すぐに使わない場合には、さっと硬めにゆでて冷凍保存しましょう。幅広い料理に役立つ緑黄色野菜です。

◆材料（4人分）

さやいんげん…200g
塩…小さじ½（⑤で使用）
ごま…30g（白、黒どちらでも可）
キビザラメ…大さじ1
しょうゆ…大さじ2

◆作り方

①キビザラメとしょうゆを混ぜておく。
②フライパンを弱火にかけ、ごまを乾煎りし、すり鉢に移して半ずりにする。
③すり鉢に①を加え、さらにしっかりとすり混ぜる。
④さやいんげんを洗って、両端を切り落とす。
⑤沸騰したお湯に塩を入れ、さやいんげんを約4分ゆでる。
⑥ゆであがったらザルにとり、水気をキッチンペーパーでふき取る。
⑦約3cmに斜めに切る。
⑧ボウルに⑦を入れ、③の和え衣を加減しながら加えて和える。

・さやいんげんから水分が出るので食べる直前に和えましょう。

シブリ（冬瓜）の浅漬け

シブリ（冬瓜）は旬が7～8月の夏野菜。インドや東南アジアが原産で、日本では、平安時代から栽培されていました。夏に収穫、冬まで保存できるので「冬瓜」という名が付いたともいわれています。シブリの果実は水分が多く、ビタミンB_1、ビタミンCなどを含み、煮物、スープ、あんかけ、蒸し物、酢の物ほか、出し汁や味噌などの味を含ませる料理に使われます。利尿作用や身体を冷やして熱を冷ます効果があり、夏場に重宝される野菜です。

集落を歩くと、風通しのよい縁側や床下などに冬瓜を置いてあるのを見かけます。旬に採れた野菜を長期間食べられるよう保存の仕方を工夫した先人の知恵です。

地鶏、また、豚骨と、汁物や煮物にしていただくことが多いですが、日照りの夏日には、軽く塩でもんだシブリを冷蔵庫で冷やし、酢の物や酢味噌和えなどで食べるのもおすすめです。皮をむき、使いやすいサイズにカットしてから冷凍保存もどうぞ。

◆材料（4人分）

冬瓜…500g（正味）
タンカンの皮…10g
A ┌ 島ザラメ…100g
  │ 薄口しょうゆ…100cc
  └ 酢…150cc

◆作り方

①鍋にAの調味料を計量して入れ、沸騰したら火を止める。
②冬瓜を約3cmの幅に切って皮をむきワタを取り除いて薄切りにする。
③①が冷めたら、②と千切りにしたタンカンの皮を加えてかき混ぜ、漬ける。
④容器に移し替えて、冷蔵庫で保存する。

ネイブル（野蒜）の酢みそ和え

ネィブル（野蒜）は、野に生えるヒル（蒜）のことで、香りや味がネギやニラ、ニンニク、ラッキョウと似ています。ヒルとは、もともと、それらの植物をひとまとめにして付けられた古名です。春の摘み草の一つですが、前年の晩秋から細長い管状の葉が出ていて冬越しします。

先日、まだ鱗茎は小さいですが、土手や海岸近くの草原で野蒜を少し採集できました。強く引っ張るとおいしい白い鱗茎が切れそうになるので、ある程度掘ってからゆっくり

引っ張ると鱗茎が付いてきます。集落の方に尋ねると、「ネィブルは、昔はよく食べたが、今はあまり見かけないよ」とのことでした。「酢みそ和え」は、別名「ぬた」と呼ばれますが、母はよく「ワケギぬた」を作り、客人に出していました。ぐるぐる巻きにするのがおしゃれで難しかった思い出があります。卵とじや味噌汁の具にも合います。春には野にでて野蒜摘みはいかがでしょうか。

◆材料（4 人分）

野蒜…100g

A
- 味噌…大さじ3
- 島ザラメ…大さじ3
- 米酢…大さじ2
- みりん…大さじ1

◆作り方

①野蒜を採集したら、土を落としてきれいに洗い、根を切る。

②Aの調味料を混ぜ、島ザラメを溶かして味をなじませておく。

③沸騰したお湯に鱗茎の方からサッとくぐらせ、ザルにあげて水気を切る。

④鱗茎側の長さ約5cmが芯になるようにしてぐるぐる巻く。

⑤食べる直前に②の酢みそをかけ、軽く和える。

野菜の料理

アッタドコネ（有良大根）のポンカン風味漬け

大根には食物繊維や消化酵素、皮にビタミンC、葉にビタミンAが含まれ、健康に良い野菜としてよく食卓に上ります。アッタドコネ（有良大根）は有良集落で戦前から栽培されている伝統野菜で、一集落一ブランドに指定されています。あまり市場に出回らないせいか、一般消費者は入手が難しく、生食は冬、旬の収穫期に少量しか手に入りません。先日、アッタドコネを継承しシマおこしに取り組む女性グループ「あったどこねくらぶ」の農園で採れた長さ60cm

ぐらい、重さ5kgぐらいもあるアッタドコネの販売があり大人気でした。

有良地区特有の気候でしか作れない独特の辛味とほのかな甘み、繊維が粗めで煮崩れしにくい特徴があることから煮物、フロフキ大根、大根シャブシャブ、切り干し大根など、また、辛味を活かした酢の物、大根サラダ、刺身のツマなどの生食や地面をはうように広がった豊かな葉もいろいろな料理にお使いください。

◆材料（4人分）

アッタドコネ…1kg
島ザラメ…240g
塩…50g
酢…100cc
ポンカンの皮…$\frac{1}{2}$個分
出し昆布…10㎝×10㎝角
タカノツメ…1本

◆作り方

①島ザラメ、塩、酢を計って混ぜておく。
②大根をきれいに洗って皮付きのまま厚さ2～3㎜の輪切りにする。
③出し昆布を布巾で拭いて千切りに、ポンカンの皮は内側の白い部分を薄く削りとってから千切りにする。
④容器に①と②と③を混ぜ、タカノツメを輪切りにして混ぜる。
⑤冷蔵庫で一昼夜ねかせると、味がしみる。

野菜の料理

パパイアの炒め物

パパイアは、奄美の方言でマンジュマイ、モッカ、パパヤと呼ばれ、7月から9月ごろが旬。奄美では、未熟果の青いパパイアを葉野菜が少なくなる夏場の食材として重宝してきました。『南島雑話2』（31頁）に雌木と雄木が図入りで紹介されており、奄美では、江戸時代後期には利用されていたことがわかります。

パパイアには、パパイン酵素というタンパク質を分解する食物酵素が含まれていて、食肉を軟らかくする働きがあります。さらに、糖質、脂

質を分解する食物酵素も含まれているヘルシーな機能性野菜です。塩で揉み、水で洗ってアク抜きをして、酢の物、和え物、刺身のツマ、煮物、汁物、肉類や貝類との炒め物など、食べることで健康につながる料理をおすすめします。

◆材料（4人分）

パパイア…200g（未熟果）
鶏もも肉…200g
人参…$1/2$本
ニラ…50g
油…大さじ1
塩…小さじ$1/2$
粗挽きこしょう…少々
しょうゆ…大さじ1

◆作り方

①パパイアを洗い、縦に4つ割りにして皮をむき、スプーンで種を除いてよく洗う。
②①を粗めの千切り器で千切りにしたら、塩で揉み、水で洗って水気をしぼる。
③鶏肉を一口大に切る。
④人参は洗って皮をむき、千切り器で千切りにする。
⑤ニラは洗って、約3㎝の長さに切る。
⑥フライパンを熱して油を入れ、③の鶏肉を焦げめがつく程度に炒める。
⑦⑥に②のパパイアと④の人参を入れて炒め、⑤のニラを加えて混ぜながら塩、こしょう、しょうゆで味を調える。

フル（葉ニンニク）の一夜漬け

奄美大島で葉ニンニクはフル（ヒル）、球根はフルンガブと呼ばれています。葉ニンニクは、ニンニクの鱗茎が大きくなる前の若い茎と葉を食用にしますが、そのままにしておくと、成長して鱗茎が膨らみ、ニンニクとして黒糖漬けなどに加工されます。

『南島雑話2』（218頁）に、「――ヒルは長ずれば葉をもぎ取って日々の野菜に用ひ、根共に引き取る事稀なり。ヒルは吾藩のものより匂ひ薄く――ヒルの根は塩漬にし、砂糖を

交へ置て漬物に用ひて、匂ひなき故に随分食はる、なり。——5、6人の家内にヒルを3、4枚敷、——植置きて、毎日程にヒル、センモトの野菜を朝、夕汁にして、両種共に本株を失はず、誠に重宝の事なり。——」と記され、葉が多く利用されていたことがわかります。

葉ニンニクの旬は11月から2月頃で、滋養強壮など冬場の貴重な栄養源として食べられてきた野菜です。独特な香ばしさを放ち、フルイキ（葉ニンニク炒め）など炒め物にもよく合います。

◆材料（4 人分）

フルの根元の部分…300g
粗塩…小さじ 2
出し昆布…10㎝× 10㎝
ポンカン または、タンカンの皮…1/4 個分

◆作り方

①フルを洗ってひげ根を落とし、根元の太い部分を長さ5㎝に切り揃える。
②出し昆布は裏、表を乾いた布巾で拭き、キッチンバサミで千切りにする。
③ポンカンやタンカンの皮の裏の白い部分を包丁でそぎおとし、表面の部分を千切りにする。
④密閉袋に①、②、③を入れ、粗塩を入れて軽くもむ。
⑤冷蔵庫で一晩ねかし、しんなりなったら出来上がり。

・葉先の部分は炒め物に、また、煮物、汁物などにもご利用ください。

野菜の料理

ナリガイ
（ソテツ実のでんぷん粥）

奄美大島では、正月2日にソテツを植える行事が行われていたため、現在も山の段々畑の境界や防風林などにその名残が見られます。

ソテツには、サイカシンという有毒物質が含まれていますが、天日で干して水にさらしたり、発酵させたりして毒を抜き、食用にしました。ナリガイは、ソテツの果実のでんぷんを入れたお粥です。食糧不足の時代は、米を沢山入れられず、ナリのでんぷんの量を多く入れて煮、10月〜11月頃のナリの収穫期から3月頃ま

で食べたそうです。米のお粥にソテツ（雄）の幹の皮を剥ぎ、中の白い芯から採取したでんぷんを入れて煮たものを「シンガイ」と呼び、6月頃によいでんぷんが採れたそうです。米を入れないでナリのでんぷんを煮たものは「ドガキ」と呼ばれ、食べた経験のある人は記憶としてまずかったとも話されます。

古い時代には、救荒食や保存食など、私たちの暮らしに有用だったソテツの利用の仕方を将来に継いでいきましょう。

◆材料（4人分）

米…2合（360ml）
ソテツ果実（ナリ）でんぷん…1合（180ml）
水…3ℓ

◆作り方

①ナリでんぷんを水に浸け、沈んだら上澄みを捨てて水を取り替え、4、5回繰り返す。
②米をといで、水を入れ、強火で煮る。
③煮立ったら弱火にして、焦げ付かないようしゃもじで底から大まかにかき混ぜ、ふたを少しずらした状態で30分ぐらい煮る。
④①を加え、弱火で焦がさないように混ぜながら20分ぐらい煮る。ふたをして蒸らす。

ソテツの実

ボタンボウフウの天ぷら

奄美群島で、通年、自生が見られるセリ科の「ボタンボウフウ」は和名。別名は、ボタンボーフー、サクナ、チョウメイグサ、チョウメイソウなどと呼ばれます。

古くから料理や民間薬として、健康に役立てられてきた食材で、ビタミンやミネラル、ポリフェノールを豊富に含んでいます。開いた葉は、千切りにして玉ネギ、人参ほかと少量を加えてかき揚げにすると、ハーブのすがすがしい香りが引き立ちます。また、さっ

とゆでて千切りにして豆腐、味噌、ごまと和えて白和えにしてもほどよい苦味が味わい深いです。

　海岸近くに自生し、照りつける太陽の日差しと強い潮風で育つのでおいしいといわれますが、葉だけを摘み、根こそぎ採らないようマナーを心がけ採集しましょう。現在では畑や庭のプランターでの栽培も見られるようになりました。天日に干して健康茶としてもご利用ください。

◆材料（4人分）

ボタンボウフウ（新芽）…500 g
小麦粉…50 g（A）、20 g（B）
冷水…100cc
卵…1個
塩…小さじ1/2
揚げ油…天ぷら鍋の7分目ぐらいの量

◆作り方

①ボタンボウフウの新芽を摘んで、水で洗う。
②キッチンペーパーで水気を拭き取っておく。
③揚げ油を熱する。
④卵を溶き、塩と氷水を混ぜる。
⑤小麦粉Aをふるって④の卵液に数回に分けて入れ、軽く切るように混ぜて衣をつくる。
⑥②に小麦粉Bを軽くまぶす。
⑦③の揚げ油が180℃になったら⑥を⑤の衣につけて揚げ、裏も返してカリッと揚げる。

コラム4

奄美・旬の島野菜（自生・栽培）

奄美で収穫できる島野菜の旬、食べ方、効能などを一部ご紹介します。

◎春

ネィブル（ノビル）
春。和え物や炒め物、汁物など。

コサンダケ（ホテイチク）
4～5月頃。煮物、炒め物、天ぷら、炊き込みご飯、味噌汁など。

シンプゼリ（クレソン）
1～4月頃。サラダ、和え物、刺身・焼き鳥のツマモノなど。

フダンソー（不断草）
2～4月頃。ビタミンA、鉄分、ルティン、カルシウム、マグネシウムなどを含む。湯がいてアクぬきをし、煮物、炒め物、パスタなどに利用。

ツバシャ（つわぶき）
通年みられるが、2～5月頃に採集。茎を塩で湯がいて外皮をむき、水にさらしてアクぬきをする。塩漬けや乾燥、冷凍保存。ウァンフィネヤセ（豚骨野菜）、その他、煮物、佃煮、ツバ菓子など。

フチ、フティ（ヨモギ）
通年みられるが、2～5月頃が旬。保存は、ソーダで湯がいて冷凍に。ビタミンA、カリウムなどを含む。若芽を摘み、山羊汁、ヨモギ餅、ゼリー、ヨモギご飯、お茶などに利用。

タマナ（島キャベツ）
2～3月頃。煮物、炒め物、蒸し物、ロールキャベツ、コールスロー（サラダ）、お好み焼きなど。

じゃがいも
春。煮物、揚げ物、サラダ、グラタン、揚げ物など。

フルンガブ（ニンニクの塊）
3～4月頃。アリシンを含む。塩漬け、黒糖漬け、料理の香味づけなど。

ガッキョ（島らっきょう）
4～6月頃。ニオイ成分、硫化アリルを含む。甘酢漬け、黒糖酢漬け、天ぷら、炒め物、タルタルソースなど。

ハンダマ（水前寺菜）
1～5月頃。鉄分、カルシウム、ポリフェノール、ビタミンB_2、C

などを含む。サラダ、和え物、肉巻、天ぷら、うどん、ラーメン、炊き込みご飯、ゼリーなど。

◎夏

マンジュマイ、モッカ（青パパイヤ）

夏。タンパク質分解酵素のパパインやビタミンC、カルシウム、カリウム、カロチンなどを含む。刺身のツマ、酢の物、炒め物、サラダ、味噌汁の具、漬物など。

島トマト

5〜6月頃。サラダなど生食や煮込み料理、焼き物など。

島ウリ

5〜7月頃。肉質が厚く、水分が多い。ビタミンC、カリウムなどを含む。煮物、酢の物、和え物、サラダ、あんかけ、味噌汁の具、漬物など。

ナブラ（ヘチマ）

6〜8月頃。水分が多く、ビタミンC、炭水化物などを含む。味噌炒め、味噌汁など。

ニガグリ、ニギャウリ（にがうり）

5〜9月頃。ビタミンC、A、カリウム、苦味成分のモモルデシンなどを含む。炒め物、にがうり味噌、和え物、肉詰め、漬物、かりんとうなど。

クヮリ、ムジ（田芋の茎）

6〜8月頃。カリウム、鉄分などを含む。塩でゆでたものを和え物、煮物、炒め物、汁物などに利用。

シブィリ、シィウリィ（冬瓜）

6〜9月頃。水分が多く、ビタミンC、炭水化物などを含む。鶏、豚、猪などの汁物、煮物、あんかけ、漬物など。

トッツブル（島かぼちゃ）

7〜8月頃。カロチン、ビタミンB_1、B_2、Cなどの栄養素に富む。煮物、天ぷら、味噌汁の具、ポタージュスープなど。

ナシビ（ナス）

5〜8月頃。果皮の色素、ナスニンなどを含む。焼きナス、味噌和え、おひたし、カレー、グラタン、糠漬けなど。

シカクマメ（四角豆）

7〜9月頃。ビタミンA、C、カリウムなどを含む。サラダ、炒め物、揚げ物など。

シソ

7〜9月頃。ツマモノやパスタなど。

ジマムィ（落花生）
7～9月頃。ジマメ豆腐、呉汁、ピーナッツ味噌、和え物、ジマメ菓子など。

アジキ（島あずき）
8月頃。赤飯、小豆粥、ぜんざい、牡丹餅など。

ホロマメ（十六ササゲ）
8～9月頃。煮物、炒め物、天ぷらなど。

カラフネ、イモヅル（甘藷の茎）
6～8月頃。煮物、炒め物など。

キンショウダーナ（ホウライチク）
7～8月頃。煮物、炒め物、炊き込みご飯、味噌汁など。

◎秋

マン、ウム（里芋）
9～11月頃。煮物、田楽、汁物、黒糖炒め、ヒキャゲ、もち天ぷらなど。

マコモ（マコモタケ）
10月頃。炒め物、焼き物、煮物など。

大根葉
10～12月頃。炒め物、煮物、漬物、味噌汁など。

島にんじん
9～12月頃。ビタミンA、C、カリウムなどを含む。煮物、炒め物、キンピラなど。

◎冬

島生姜
11～12月頃。天ぷらや佃煮、生姜チップスなど。料理の薬味にも利用。

デコネ（大根）
12～2月頃。煮物、刺身のツマ、酢の物、サラダ、フロフキ大根、味噌汁の具、また、切干大根に加工するなどして利用。

コウシャマン（ダイジョ）
12～1月頃。正月の丼、皿シュウケ（盛り皿のおつまみ）、吸い物、煮物など。ハアコウシャ（紫）とシルコウシャ（白）がある。

フル（葉ニンニク）
11～2月頃。ニンニク球ができる前の若い茎葉で、ポリフェノール、ビタミンC、カリウム、鉄分などを含む。ウァンフィネヤッセ（豚骨野菜）、フルイキ（フル炒め物）、吸い物、ホルモン炒め、油そうめん、鍋物、汁物など。

ターマン（田芋）

12～3月頃。カリウム、カルシウム、ビタミンA、C、鉄分などを含む。煮物、黒糖煮、天ぷら、田芋餅など。

ブロッコリー

1～2月頃。サラダ、炒め物、グラタン、天ぷらなど。

◎通年・多季

ボタンボウフウ（長命草）

通年、海岸の岩場などに自生。花は春～初夏に咲く。最近は栽培もみられる。独特の苦みを活かして、新芽の天ぷら、刺身のツマモノ、酢味噌和え、サラダなどに。開いた葉は塩もみをし、水洗いして利用。

アザンギ（島アザミ）

冬～春。トゲの葉部を切り落とし、中心の葉脈を使う。塩漬けや冷凍保存、ウァンフィネヤセ（豚骨野菜）、佃煮、炒め物など。

ビリヤ（ニラ）

春～夏。ビタミンA、B_1、B_2、C、カルシウム、カロチン、カリウム、硫化アリルなどを含む。卵焼き、ビリャゾネ（ニラの和え物）、油そうめん、ニラ巻、チジミ、汁物など。

トン・ハヌス（甘藷・さつまいも）

秋～春。塩煮、ヒキャゲ、カシャムチ、ミキ、もち天ぷら、トン天ぷら、ネンギャナ（本書レシピ参照）、大学芋など。

ミスナ（タカナ）

通年栽培。春～夏に黄色の花が咲く。ビタミンなどを含む。煮物、炒め物、漬物、チャーハンなど。

ミチバ（ミツバ）

通年自生。天ぷら、吸い物、薬味など。

ニガナ（苦菜）

春～夏。海岸の岩場などに自生。ビタミンC、カルシウム、カリウムなどを含む。和名の由来のように苦味が多く、その苦味を味わいの一つとして楽しむ野菜で、白和えや薬味として利用。

ツルナ

冬～春。浜辺などに自生。若葉と軟らかい茎先を摘む。ビタミンA、B群、C、E、K、鉄分などを含む。ゆでてから、和え物、おひたし、炒め物、汁物などに利用。

お菓子・餅

干しスモモ

おやつに今、一番お気に入りの干しスモモ。赤紫色の色素アントシアニンは抗酸化効果が期待されるので、健康増進にどうぞ。保存がきくので、真空パックで売り出すと、ヘルシーな奄美の観光物産品になると思います。どなたか商品化をお願いします。（パウンドケーキ、クッキーなどの焼き菓子への利用もおすすめです）

奄美に伝わるスモモの母樹は１９３６年大山久義氏が県立農事試験場大島分場を退職時、同試験場の

技師であった牧義盛氏から贈られた台湾系の品種の苗木で、これを現在の頌徳碑のある場所に植えたのが、奄美におけるスモモ植樹の始まりといわれています。

◆材料（4人分）

スモモ…1kg（皮ごと）
島ザラメ…800g

◆作り方

①スモモを水で洗う。
②鍋に①とザラメを入れて弱火で煮て、沸騰したらアクをとり、火を止める。
③2日目も3日目も②を繰り返す。(果肉がつぶれるので、かき混ぜないで)
④スモモを鍋から取り出したらザルにキッチンペーパーを敷いて並べ、3日間裏返しながら天日で干す。キッチンペーパーはその都度取り替える。

・濃厚でコクのある果汁は、ゼリーやカキ氷の蜜、ヨーグルトに、お酒や氷で割って飲んでも美味。

ツバ菓子

このお菓子は、ツワブキで作ったかりんとうです。昔、お茶請けやお土産、旅先へ送るために作られました。往時は製糖小屋の鍋から飴状になった黒砂糖を取ってきて、利用したそうです。アクが多い自然の素材と、黒砂糖の解毒剤としての効用が活かされていると思います。残念ながら今では忘れられ、ほとんど作られなくなった料理のひとつです。

ツワブキの繊維質と、黒砂糖のミネラル分が豊富な自然食。お菓子類の少なかった時代に知恵をしぼって

考えられた健康的なお菓子です。先人の書いた文献をもとに作ってみました。

◆材料（4人分）

ツワブキの茎…300g
塩…少々
黒砂糖粉…300g
水…100cc

◆作り方

①ツワブキの茎を沸騰したお湯に塩を入れて硬めにゆで、皮をむく。
②①を1時間ぐらい水につけて置き、ザルにあげて水分を切る。
③フライパンに100ccの水と黒砂糖粉を入れて、飴状になるまで煮詰める。
④③の中に②のツワブキの茎を入れ、沸騰したらアクをすくい、固まらないように木べらで十分混ぜて煮詰まったら火を止め、かき混ぜながら冷ます。

お菓子・餅

ジマム菓子

奄美大島では、ジマム（地豆＝落花生）は『南島雑話1』（129頁）「鼠之事」に、「落地生（落花生）を掘て食ふ」とあり、古くから作られていたようです。また、唐で見た落花生畠の様子が「実徳佐和雄唐嘶」に「落花生を夥《おびただ》しく植るなり。砂地の処は惣て落花生畠といへり。熟して実を取る時は、（略）土ふるひにて、落花生を振るい出すなり。砂地故、実はふるひに残りて取ること忽《たちま》ちなり」とあります。

江戸時代後期、実徳と佐和雄が唐

に漂着、帰って来て紹介した「小麦粉と白砂糖を混ぜて水を加え、炒った落花生を混ぜ、油を引いた鍋で焼いたお菓子」をヒントに、その後、島の人たちが、「黒糖を使用したジマム菓子」にアレンジしたとも考えられます。また、「粉と白砂糖を交え、外に胡麻を付けて油焼きの菓子あり」という記述もみられ、その頃、すでに奄美大島にもあった食材に類似性をみたのだと思います。

◆材料（4 人分）

ジマム（落花生）…500g
黒砂糖粉…500g
水飴…大さじ 2
水…100cc

◆作り方

①落花生は弱火で焦がさないように乾煎りし（中までカリカリになるまで）、渋皮をむく。
②フライパンに黒砂糖粉、水飴、水を入れて中火で煮詰める。
③②に落花生を入れて手早くかき混ぜてからませ、火を止める。
④くっつかないよう、皿やバットに一口大に取り分け、冷ます。

お菓子・餅

奄美タンカンのコンフィチュール（ジャム）

旬の季節には、島のほとんどの家庭の食卓でタンカンを見かけます。奄美のタンカンは中国広東省原産。現在、栽培されているほとんどは垂水1号という品種で、オレンジとポンカンが自然交配してできたといわれています。パンやシフォンケーキに利用したり、焼き菓子、ふくれ菓子、舟焼きなどのアレンジにも使えるコンフィチュール（ジャム）を作ってみませんか。

タンカンにはビタミンCが普通のみかんの1・5倍も含まれていて、

食欲増進や疲労回復にも効果があるといわれています。ビン詰めにして脱気殺菌（鍋に軽くふたをしたジャムビンの８分目まで湯を張り、15分煮沸。湯から取り出し、ふたを締め直し、ビンを逆さまにして冷ますとジャムとふたの間に残る空気が抜ける）すると、長期保存が可能です。でも、保存料が入っていないのでなるべく早めに召し上がって下さい。

◆材料（４人分）

奄美タンカン…1kg（正味）
島ザラメ…500g
レモン汁…大さじ２

◆作り方

①タンカンを横半分に切り、種を取り除く。
②皮をむいて、ミキサーにかける。
③②を鍋に入れて火にかけ、沸騰したらアクをとる。
④③に島ザラメ、レモン汁を加えて、木ベラでよく混ぜ、さらにアクをとる。
⑤弱火にして、焦がさないようにかき混ぜながら根気よく煮詰める。
⑥ $\frac{2}{3}$ の量まで煮詰めたら、木ベラをゆっくりまわすよう混ぜ、手をやすめない。
⑦約半分の量に煮詰まったら、火からおろす。（仕上がり量約 750g）

お菓子・餅

黒糖ドーナツ

江戸時代後期に記された『南島雑話１』（１４８頁）に「彼の白き粉は小麦ならんと云へり」とあり、「粉と白砂糖を交へ、外に胡麻を付けて油焼きの菓子あり」と実徳と佐和雄が唐に漂着、帰って来て紹介した話の記述があります。

沖縄に代表される「サーターアンダーギー」などの揚げ菓子は中国から琉球に伝えられたといわれます。近年、奄美でも「黒糖ドーナツ」としてお土産店などに並ぶようになりました。揚げ菓子は保存がきくため、

おやつや行楽のおともに、家庭でもよく作られています。

タネを油でゆっくり揚げると丸まった片方が割れてチューリップ形に開きます。同じものが中国では開口球、台湾では開口笑と呼ばれています。

◆材料（4人分）

黒砂糖粉…250g
小麦粉…500g
ベーキングパウダー…20g
卵…L2個
牛乳…50cc　バター…20g
植物油…天ぷら鍋の8分目の量

◆作り方

①小麦粉とベーキングパウダーを合わせてふるっておく。
②バターを溶かしておく。
③ボウルに卵を割ってかき混ぜ、黒砂糖粉を加えて混ぜる。
④③に②を入れて混ぜ、牛乳を加えて混ぜる。
⑤④に①を少しずつ加えてよくこねる。（一晩ねかせるとより成形しやすい）
⑥手に粉を付けて形を整え、中火にして箸で返しながら色よく揚げる。

お菓子・餅

フクラカン（ふくれ菓子）

フクラカンは、豊年祭や種おろしなどの祭りの時や農作業時などのお茶請けとして作られます。

江戸時代後期の記録『高崎くずれ大島遠島録』に、「詳細不明の蒸し菓子」が幾つか登場し、豊富な種類の蒸し菓子が食べられていたことが記されています。この時代の食生活の中に白砂糖や黒砂糖、小麦粉、これらを使った菓子や料理が登場します。名越左源太が交際した人々は富裕者が多かったので、黒砂糖などを自由に食べることができたのかもし

れません。

先人は知恵を働かせ、身近にある素朴な材料に砂糖を加え、おいしく作ったのだと思います。

蒸し上げる時の黒糖の甘い香りがするフクラカンは、蒸したてのふんわり感につい手がのびます。明治生まれの母が作ってくれたフクラカンの記憶と共に。

◆材料（4 人分）

黒糖の粉…300g
小麦粉…300g
ソーダ…大さじ 1
卵…3 個
牛乳…250cc
はちみつ…大さじ 3

◆作り方

①蒸し器に水をたっぷり入れ、火にかける。
②黒糖の粉をふるう。
③小麦粉とソーダを合わせてふるう。
④ボウルに卵を割ってかき混ぜ、牛乳、はちみつを加えて混ぜる。
⑤④の材料に②を加えてかき混ぜて溶かし、③を少しずつ加えてよく混ぜ合わせる。
⑥ザルにクッキングペーパーを敷き、⑤を流し入れる。
⑦お湯が沸騰した蒸し器に⑥を入れ、さらし布をかけふたをし、強火で約 40 分蒸す。
⑧竹串で刺してみて、生地がつかなくなったら出来上がり。

・②と④をミキサーで混ぜ、ボウルに移して③を加えて混ぜると簡単！

舟やき餅

素朴で懐かしい島の味を代表する黒糖のもち菓子です。形と色が舟の形（奄美の板付け舟）に似ているところから、「舟やき餅」という名称が付けられたと言われています。この料理は笠利地方から広まったといわれ、ハマオレや5月の節句に作って親戚の家に配ったそうです。

その他、奄美群島にはもち米と黒糖を使ったもち菓子が多く伝承されています。ジョウヒ餅やカシャ餅、カンなどは、藩政期に黒砂糖の余計糖を蓄積し、豪農であった島役人の

家に継承されたと言われ、当時、もち菓子に使われる材料のもち米と黒砂糖はかなり贅沢なものでした。

古くからの産地でもある黒糖を使った、生活の知恵から生み出された銘菓のひとつです。

◆材料（4 人分）

黒砂糖粉…200g
水…300cc
卵…2 個
もち粉…200g
小麦粉…50g
はったい粉…50g
ベーキングパウダー…小さじ 1
油またはオリーブオイル…適量

◆作り方

①ボウルに黒砂糖粉をふるう。
②①を水で溶かし、卵を加えてよく混ぜる。（ミキサーでも可）
③ボウルにふるった小麦粉、もち粉、はったい粉、ベーキングパウダーを入れて混ぜ合わせる。
④③に②を少しずつ入れ、泡立て器でダマにならないようによく混ぜる。
⑤フライパンをよく熱して油を塗り、④を全面に広がるように流し入れ、弱火にしてふたをする。（ホットプレートでも可）
⑥表面が乾き、きつね色に焼けたら、フライ返しでくるくると巻いておさえ、形を整えたら、切り面が舟の形になるよう斜めに切る。（包丁を湿らせる）

お菓子・餅

煎粉(いこ)餅

煎った米の粉から「いこ餅」の名が付いたといわれます。鹿児島の祝い菓子の一つであるいこ餅は、幕末の記録『南島雑話1』(90頁)に「煎粉ハ如図種々の形様アリ」と図入りで紹介されていて、奄美にも伝わり、作られていたと考えられます。

その時代の食生活の中に白砂糖や黒砂糖を使った菓子や料理が登場しますが、名越左源太が交際した人々は富裕者が多かったとみえ、黒砂糖などをわりと自由に食べることができたのかもしれません。

先人たちは知恵を働かせ、身近にある素朴な材料に黒糖を加え、「島の味」としておいしいお菓子などを作ったのだと思います。奄美の黒砂糖を使った手作りのお菓子は、母から子へ伝えられてきた家庭の味です。

◆材料（4人分）

煎り粉…300g（もち米とうるち米の粉）
黒砂糖粉…300g
水…350cc
片栗粉…少量

◆作り方

①鍋に水を入れ、沸騰させる。
②①に黒砂糖粉を入れ、混ぜながら煮溶かす。
③ボウルに煎り粉を入れ、①を少しずつ加えながらしゃもじで練る。
④③をボウルの中できめが細かくなるまでよくこねる。
⑤台の上に片栗粉をふって、好みの形に仕上げる。

お菓子・餅

蘇鉄カン

かつて、稲作の少ない奄美のシマジマでは、蘇鉄のでんぷんは甘藷と同じくらい大切な食べ物でした。また、飢饉の時の救荒食として、シマの人々の暮らしを支えてきました。蘇鉄の幹のセン（でんぷん）を入れた粥やナリ（蘇鉄の実）のでんぷんを入れた粥を常食し、ナリ味噌を作って食べたそうです。

そのほかの食べ方として、『南島雑話1』（89頁）に蘇鉄のでんぷんを使ったもち菓子が掲載されていましたので、参考にして作ってみまし

た。その個所を記述のまま紹介します。

「蘇鉄カン　蘇鉄のせんと餅米と粉にしたるを水に交え、手にすくえば指の間より洩るる加減に緩く合せ、砂糖を入れて蒸菓子にす」

◆材料（4 人分）

蘇鉄（幹）でんぷん…100g
もち粉…100g
水…400cc
黒砂糖粉…100g

◆作り方

①黒砂糖粉をふるい、水で溶かす。
②蒸し器に水を入れ、沸騰させる。
③ボウルに蘇鉄でんぷん、もち粉を入れ、①を少しずつ加えて泡立て器で混ぜる。
④型（容器）に③を流し入れ、蒸し器で約 30 分蒸す。

お菓子・餅

桑の実のジャム

桑は古くから、蚕のえさとして重要な作物で、島のあちらこちらに桑の木がみられ、甘ずっぱい実は子どもたちの天然のおやつとしてよく食べられていました。ワインカラーの果汁は衣服につくとおちないので、親から叱られた経験をお持ちの方も多いのでは。

桑の実はｍｕｌｂｅｒｒｙ（マルベリー）とも呼ばれます。『南島雑話１』（１００頁）には、桑の実で作る焼酎が「米の麹に桑の実を入れても煎ず。よき焼酎となる」と

紹介されています。
抗酸化物質のアントシアニンを多く含む桑の実は生食はもとより、ジャムやゼリーなどにもぜひ活用してほしい食材です。

◆材料（4人分）

桑の実…500g
水…150cc
島ザラメ…250g
レモン汁…大さじ2

◆作り方

①桑の実のへたを取り除き、水で洗う。
②鍋に桑の実と水を入れて中火にかけ、沸騰したらアクを取る。
③②に島ザラメ、レモン汁を入れて木ベラでよく混ぜ、さらにアクを取る。
④とろ火にしてかき混ぜながら根気よく煮詰める。
⑤半分ぐらいの量に煮詰まったら、火を止める。

ジマム（落花生）の焼き菓子

これは『南島雑話1』（148頁）掲載、実徳と佐和雄が見てきたという唐のお菓子の紹介です。「実徳佐和雄唐噺」の項目に、唐の風俗や焼き菓子の作り方が記されています。「落花生を菓子にすることあり。此れは白き粉に白砂糖を交へ、水にて能きかげんに合せ、落花生を煎て皮を去り、其儘右の合せ粉に交へ、餠にして鍋に油を引きて、焼菓子にするなり。勝れたるものといへり。彼の白き粉は小麦ならんと云へり」と、興味深い内容が記されています。

落花生はタンパク質、脂質、マグネシウム、鉄、ビタミンなどさまざまな栄養素に富む機能性食品として注目されています。

もう一つ、ごま付きの油焼きの菓子というのも紹介しています。唐で実徳や佐和雄の見た、白砂糖を使った落花生の焼き菓子はどんな味だったのでしょう。また、帰島後に作ってみたことはなかったのでしょうか。

◆材料（4 人分）

落花生…200g（殻をむいたもの）
白砂糖…50g（または島ザラメ）
小麦粉…100g
水…100cc
油…大さじ 1

◆作り方

①フライパンを熱して弱火にし、落花生を入れ、中まで火が通るように 30 分ぐらいじっくり炒る。（始めに落花生を電子レンジ皿に広げ 10 分加熱すると水分が早くとぶ）
②①の粗熱がとれたら、皮をむく。
③ボウルに小麦粉をふるい、水を少しずつ加えて、ダマにならないようよく混ぜる。
④③に②を入れ、混ぜ合わせる。
⑤フライパンを熱して油をひき、④のタネを団子状にして入れ、中火でじっくりきつね色になるまで両面を焼く。

お菓子・餅

フツィ（ヨモギ）のゼリー

ヨモギは奄美ではフツィ、フティと呼ばれる薬草の一つです。3月3日の節句にはヨモギを入れた餅（フツィムチ）を作って先祖棚にお供えし、家族で味わい、親類にもおすそ分けします。

3月節句の行事にヨモギ餅を供えるのは、ヨモギには厄除けの力があるとされたことから。また、麦を主食にしていたころは、3月節句や誕生日などのお祝いにフチバンメー（ヨモギ麦ご飯）を炊き、素朴なヨモギの香りが来客にも喜ばれたよう

です。

ヨモギのゆで汁を飲むと頭痛、腹痛に、浴びせると赤ちゃんのおできができないなどの効用があり、古くから利用されてきました。

ヨモギの香り高いゼリーは、初夏を楽しむさっぱり味です。

◆材料（4人分）

ヨモギの葉…100g＋若葉8枚（飾り用）
塩…小さじ1
水…4カップ
粉ゼラチン…小さじ6
水…大さじ6
島ザラメ…50 g

◆作り方

①ヨモギの葉は塩を加えてさっとゆで、水にさらしてアク抜きをし、ザルに上げる。
②鍋に水4カップと①のヨモギの葉を入れ、中火で20分煮出す。
③粉ゼラチンを水（大さじ6）で5分ふやかす。
④②のヨモギ液3カップに島ザラメを入れ、かき混ぜて溶かす。
⑤ 70℃ぐらいになった④のヨモギ液に③を加え、かき混ぜてよく溶かす。
（沸騰させると固まりにくいので気をつける）
⑥型を水でぬらし、⑤のゼリー液を流し込み、ヨモギの若葉をのせて冷蔵庫で冷やす。

お菓子・餅

島生姜チップス

島生姜は本土のものに比べると少し辛めで、11月から12月が旬。早いものは9月には店頭に出始めています。

生姜は、古くから風邪を予防する効果や身体を温める効果などいろいろな効能があるといわれ、独特の香りと辛味（成分はジンゲロールとショウガオール）を持ち、幅広く料理に利用できる香辛料の一つです。冷え症の私は、身体の内側から温まりたい（新陳代謝を活発にする）ので、ぽかぽか食材として知られる島

生姜をもっと毎日の暮らしに取り入れたいと考えています。

大好きな徳之島産の生姜ジャムは、パンに塗ったり、紅茶やヨーグルトに入れたりして食べています。生姜にはタンパク質を分解する酵素も含まれています。肉を生姜の漬け汁につけておき、生姜焼きを軟らかく仕上げてみませんか。

◆材料（4人分）

島生姜…500g
島ザラメ…400g

◆作り方

①生姜を洗って皮をむき（新生姜は皮ごと）、スライス（厚さは好みで）する。
②沸騰したたっぷりのお湯で、さっと2回ゆでる。（辛いのを好みの方は1回）
（ゆで汁は捨てないで、紅茶や料理の隠し味、お風呂などにご利用下さい）
③ザルにこぼし、水切りした生姜をフライパンで乾煎りし、水分をとばしたら島ザラメを加える。
④中火にして、根気よく木ベラで混ぜ続ける。（約30分）
⑤水分が出て煮詰まり、フライパンの周壁に砂糖が粉をふくような感じになったら火を止め、余熱がとれるまで混ぜ続け、パラパラとした感じに仕上げる。

・途中、砂糖が飴状になり、失敗かなと思われますが、それからが仕上げで、根気よく混ぜていると砂糖が粉をふいてきますので、勘をつかんで下さい。白砂糖、黒砂糖粉どちらでもできますので、お試し下さい。

お菓子・餅

島モモのコンポート

島で一般的に「島モモ」と呼ばれている果皮に毛のはえた小さいモモをコンポート（砂糖煮）にしてみました。煮ているとモモのほのかな香りが漂って、島の暑い夏のはじまりを感じます。

このモモは、島の植物に詳しい田畑満大先生によると、島に古くからある「ケモモ」と呼ばれる種だそうです。産毛のような毛が果皮を覆っているので、皮をむいて調理しますが、その名がぴったりなので、この古いモモの種を島に持ち込んで名付

けた先人に感心しました。
熟して木から落ちたり、鳥につつかれたりしているのを見かけますが、島で採れる貴重な果実の一つです。もったいないので旬の時期に採取して、ジャムや焼酎漬けなども作って島の香りを味わってください。

◆材料（4人分）

島モモ…1kg（正味）
島ザラメ…300g
赤ワイン…100cc
レモン果汁…大さじ2

◆作り方

①島モモを洗って、皮をむく。
②鍋に島ザラメ、赤ワイン、レモン果汁を入れ、弱火にして混ぜる。
③島ザラメが溶けたら①（種ごと）を加え、丸く切ったクッキングペーパーを落としぶたにして果汁が十分でるまで弱火で30分ぐらい煮る。
④十分に冷めてから煮汁ごと容器に入れ、冷蔵庫で保存する。

黒糖の丸ぼうろ

ぼうろは、船員たちの保存食として日本に伝わったポルトガルの焼き菓子。伝来時は硬いクッキーのようなものでしたが、明治に入り、生地に卵を加えるなどの改良をして現在の軟らかいものになったようです。

名越左源太の『高崎くづれ大島遠島録』に嘉永3年6月9日、「亭主へ丸ぼろ、花ほふろを菓子皿一つ遣申候」と丸ぼうろと花ぼうろを亭主の藤由気へあげています。材料の黒糖は、疲れたときの糖分補給と合わせて、精製された白糖にはないミネ

ラルの補給に役立ちます。黒糖独特の香りとコクのある風味を味わってください。

また、はちみつは甘みのほか、カラメル化しやすいので、焼き色や照りを出すのに適しています。

◆材料（4 人分）

小麦粉…250g
ソーダ（重曹）…小さじ 1
卵…2 個（L）
黒砂糖粉…180g
はちみつ…大さじ 2

◆作り方

①小麦粉とソーダ（重曹）を合わせてふるっておく。
②ミキサーに卵、黒砂糖粉、はちみつを入れて混ぜる。
③①と②を合わせて粉っぽさがなくなるまで泡立て器で混ぜる。
④天板にクッキングシートを敷き、生地を約大さじ 1 ずつたらし、水をつけた指先で軽く成形する。（くっつかないよう間隔をとる）
⑤ 170℃に余熱したオーブンに入れ 15 分ぐらい(500 W)焼く。

ヒンジャ(山羊)糞菓子

大豆は1951年発行『琉球統計報告』に、主要生活用品の小売り価格で、琉球産大豆が名瀬で1斤、11・43円、小豆は琉球産、22・86円と記録されています。

1974年発行『奄美文化誌』のアラセツ（新節）行事の項に、「喜界島ではヒノト（丁）の日をシチウンミ（節折目）といい、7歳ごろまでの子供のいる家庭ではシチャミということをする。—中略—小川や大豆畑の中から小石を数個ひろってきて、それをススキやキビの葉などで

包み、タワラ（俵）の形につくり、高倉の桁にさしておく」と大豆畑の記述があります。

『聞き書き 鹿児島の食事』（302頁）に加計呂麻島、諸鈍での昭和初期の食生活の聞き書きがあります。山田家では大豆はとれないので年間5升くらいを買い、主に味噌用であるが、ときどき海草のクィーナ（イバラノリ）との煮物などに使うとあり、健康的な食生活の記録が見られます。

それにしても『名瀬市誌上巻』（534頁）掲載のこの菓子名ですが、ユニークですね♪

◆材料（4人分）

大豆…300g
黒砂糖粉…200g
水…大さじ2

◆作り方

①フライパンを熱し、大豆をよく乾煎りして、器にとる。
②フライパンに黒砂糖粉と水を入れて火にかけ、木ベラで混ぜる。
③②が溶けてブツブツ泡だってきたら大豆を入れ、木ベラでかき混ぜる。
④弱火にして、パラパラになるまで混ぜながら黒砂糖粉と大豆をからませる。

お菓子・餅

シンコダグ（深固団子）

奄美大島の方言で「ダグ」は、塊、団子のこと。

「シンコ」のいわれには諸説ありますが、１６８６年、鹿児島、深固岳の麓に深固院と名付けて布教を始めた石屋眞梁《せきおくしんりょう》和尚が、飢饉時に田の落穂を拾い、籾を粉にして餅にし、しょうゆをかけて焼き、皆にふるまったのが「シンコ（深固）ダンゴ」の始まりという説や、新米の米粉で作るから「シンコ（新粉）」ともいわれます。現在、うるち米を加工した目の粗い粉も新粉（シンコ）とい

い、目の細かい粉は上新粉と呼ばれますが、うるち米の米粉という点で、総称して上新粉という場合もあります。うるち米の米粉は、ウヅキマチ（お月待ち）の団子やミキなど、年中行事の食材としても使われます。

昭和30年代、名瀬の街角で「シンコダグ」が売られていた懐かしい光景が思い浮かびます。奄美の食は、1609年以降、薩摩から伝わったもち菓子が多い。米粉の味と食感、焦げたしょうゆの香ばしさも、心に残る味の記憶として伝えていきたいです。

◆材料（6本分）

うるち米の粉…200g
水…160cc
しょうゆ…大さじ3
島ザラメ…大さじ4
竹串…6本

◆作り方

①しょうゆと島ザラメを鍋で煮て、タレを作っておく。
②鍋にお湯を沸騰させる。
③ボウルにうるち米の粉を入れ、水を少しずつ加えて耳たぶぐらいの硬さにこねて団子を作り、②に入れてゆでる。団子が浮いてきたらザルにあげ、水で冷やす。
④竹串1本に3個の団子をさす。
⑤①のタレに両面をくぐらせ、オーブントースターで焼き、少し焦げ目を付ける。

お菓子・餅

ハナホロ

ほとんど見かけなくなったお菓子「ハナホロ」をご紹介します。『ふるさとの伝承料理』に金久美枝子さんは、供え物として、型菓子とともに子どもたちに喜ばれたお菓子の一つで、新築祝いや盆に供えていましたが、現在ではあまり作っていませんと記しています。同書が発刊された1978年のころ「ハナホロ」はすでに作られてなかったようです。現在、沖縄で伝承されている「ハナボウロ」だと思われますが、手間がかかるため、型抜きをして作られるも

のが多いようです。

『大島遠島録』に嘉永3年5月28日、小重に花ぼうろを入れ、藤進の孫たちへ遣わした。また、6月9日、亭主へ、丸ぼうろと花ぼうろを菓子皿に一つ遣わした、との記録が見られます。

作ってみると、小麦粉を丸めたり、のばしたり、粘土遊びのようで、楽しいお菓子作りでした。材料もとてもシンプルです。お子さんと一緒にチャレンジしてみませんか。

◆材料（4人分）

薄力粉…100g
強力粉…50g
島ザラメ…100g
卵…1個
油…適量

◆作り方

①ボウルに卵を割ってかき混ぜ、島ザラメを加えてかき混ぜる。
②合わせてふるった薄力粉、強力粉を少しずつダマにならないよう①に加えて混ぜ、耳たぶぐらいの硬さの生地を作る。
③まな板にクッキングシートを敷いて平らにして1㎝ぐらいの幅に切り目を入れ、粉をつけながら丸めて紐状にのばした生地で花形を作っていく。
④フライパンを熱して油をしき、中火できつね色になるように焼き、裏面も焼く。

お菓子・餅

揚げ餅

揚げ餅は、子どものころ母がよく作ってくれた懐かしいおやつです。空き缶に乾燥餅が保存してあり、在庫がなくなると、姉たちとカンナで餅を削るのを手伝いました。

『シマ ヌ ジュウリ』や『ふるさとの伝承料理』によると、お正月ののし餅をカンナで削って乾燥保存しておき、不意の来客の時や子どものおやつに重宝したそうです。藤井つゆさんは、「奄美風おかきです」と書いています。

『南島雑話1』(91頁)の白コフシャ

芋の説明に「剛餅の如く薄く切り、油にて揚げ用ゆ。餅の油揚げをミルに異ならず。随分よし」とあります。『高崎くづれ大島遠島録』の、嘉永3年10月15日、亀蘇應と亀蘇民が持参してきた硯蓋の盛具にある「コハ餅の油揚げ」は、『シマ ヌ ジュウリ』や『ふるさとの伝承料理』に掲載されている「揚げ餅」だと思います。

奄美大島では、ご先祖にお供えするため、正月のほか盆などにも餅を搗きます。湿度が高い島の環境では、餅はすぐにカビが生えてしまいます。それを乾燥しやすいように薄く削ることにより克服し、長期保存した先人たちの知恵に感心させられます。

◆材料（4人分）

餅…100g
塩…小さじ1
油…適量

◆作り方

①餅を1～2㎜の薄さに切り、干して乾燥させる。
②フライパンに油を熱し、150～160℃で乾燥した餅をきつね色に揚げる。
③キッチンペーパーを敷いたバットに取り、余分な油を吸わせる。
④器に盛り、塩をふる。

お菓子・餅

アロールート餅

Ａｒｒｏｗｒｏｏｔの原産は熱帯アメリカ。クズウコン科の多年草で、外形は月桃の葉に似ていて、和名をクズウコンといいます。ウコンのような根茎が地下にあり、葛の根のようにでんぷんが採れることからきています。クズウコンの根茎から採ったでんぷんをアロールートと呼んでいます。蒸すと粘性が強く、透明感もあるので、葛もちにも利用できます。『シマヌジュウリ』（２１２頁）に、戦時中はもち米の代用として大切にされたとあります。

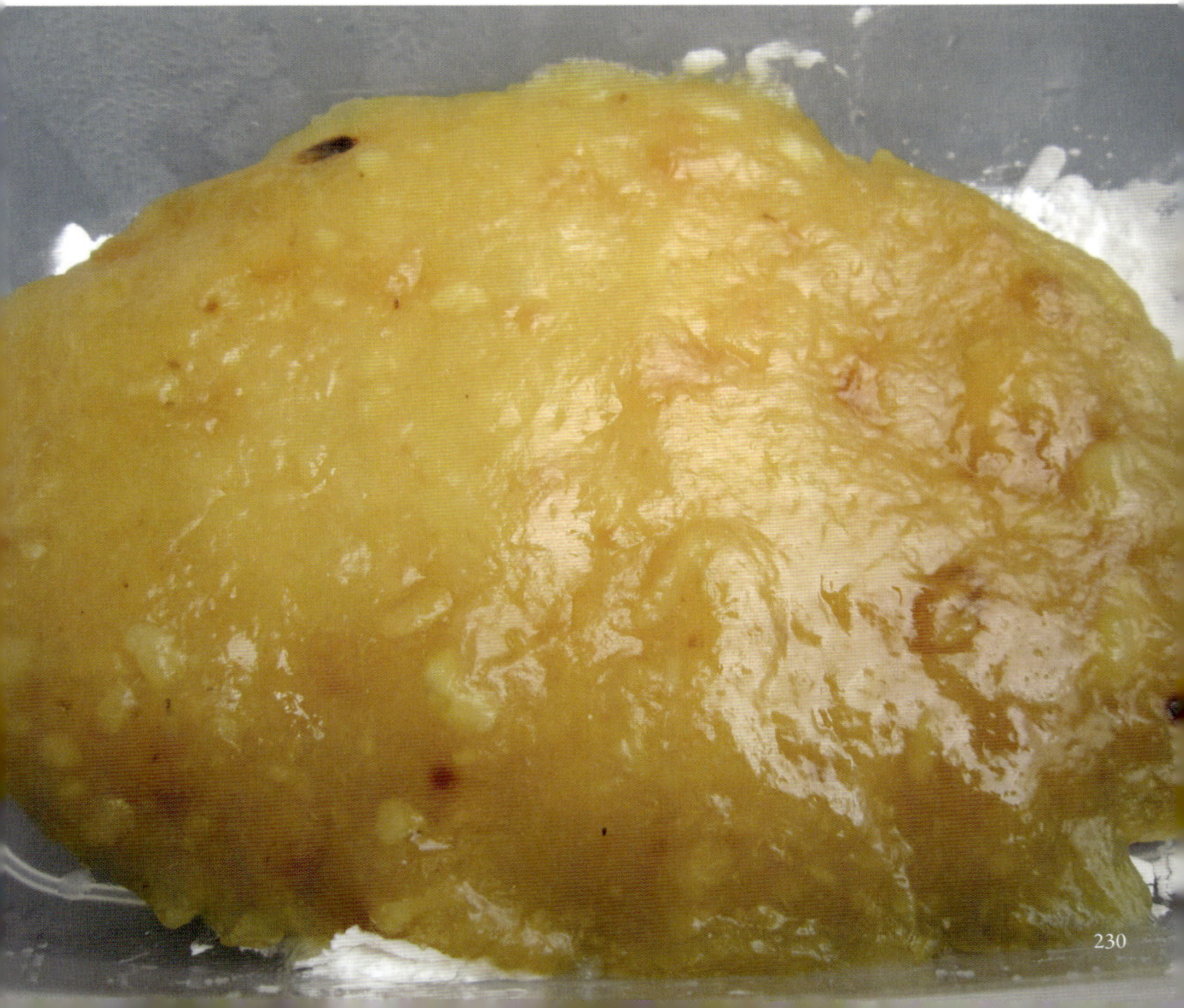

現在、瀬戸内町諸数では、クズウコンが栽培されていて、1、2月頃の収穫時には、地上部の葉は、枯れてなくなるそうです。栽培農家では、ご主人手製のクズウコン用の大きなおろし金を使って、根茎をおろし、でんぷんをとっていました。そこには、緑色のクズウコンの畑が広がっていました。

◆材料（4人分）

アロールート粉…1カップ
水…150cc
甘藷…200g
コーンスターチ…少々（④）

◆作り方（前日から準備する）

①蒸し器に水を入れ、沸騰させる。
②甘藷の皮をむいて3、4個に切り、煮てつぶす。
③ボウルにアロールートの粉、水、②の甘藷を入れて混ぜ、耳たぶぐらいの硬さにこねる。
④粉をふった容器に入れ、透き通るまで30分ぐらい蒸す。
⑤適宜な形にして汁物などに入れる。または、きな粉もちにする。（きな粉＋島ザラメを付けて食べる）

お菓子・餅

ヨモギのパンケーキ

奄美大島のヨモギは、ニシヨモギで、「フツィ」、「フティ」、「フッチ」などと呼ばれ、爽やかで素朴な香りがあり、苦味の少ない軟らかい品種です。旬は2月から5月頃で、古くから伝えられてきたいろんな効能のある野草です。

『南島雑話1』（84頁）、常食の項には、「十人に米1合、蓬の葉を交へ食料とす」との記述が見られ、米が少なかった時代、ヨモギなどを混ぜることで量を増やすことを考えた先人の知恵が偲ばれます。ヨモギを

使って、3月節句のフツィダグ、フツィムチまた、以前は麦ごはんにヨモギを入れたフツィバンメも作られ、健康を願いました。
　ヨモギのパンケーキにタンカンジャム（198頁参照）、小豆あん、生クリーム、ハム、ウインナーなどを添えて、現代風に春の素材で季節を楽しみましょう。山裾などでの若葉摘みは、ハブの出没に気をつけて。

◆材料（5枚分）

（直径約15cm×5枚の分量）
ヨモギ…100g
ソーダ（重曹）…小さじ$\frac{1}{2}$
牛乳…200cc
小麦粉…100g
ベーキングパウダー…小さじ1
島ザラメ…大さじ2
卵…2個
塩…小さじ1
バター…10g

◆作り方

①水で洗ったヨモギを沸騰したお湯にソーダを入れてゆで、水にさらして絞り、牛乳といっしょにミキサーにかける。
②小麦粉とベーキングパウダーを合わせてふるう。
③①に卵、島ザラメ、塩を加えてミキサーにかける。
④②に③を少しずつ流し入れ、泡立て器でダマにならないようよく混ぜる。
⑤熱したフライパンにバターを薄く塗り焼く。弱火でふたをして表面がブツブツになってきたら裏返す。（ホットプレートでも可）

お菓子・餅

タピオカ餅

友人からキャッサバを貰いました。キャッサバの根茎からとったでんぷんがタピオカ。キャッサバは、小葉が手のひら状になり、垂直に立ちあがった茎の根元に両端がとがった細長い形状の芋根が付きます。芋根には、有毒な青酸が含まれるため、塩を入れゆでてアクを抜いたり、皮をむいてすりおろし、水に数時間さらしてガーゼでこし、上澄みの水を捨て、沈殿したでんぷんを広げて天日干しにする方法で採取しました。水分を加えて加熱すると糊化しやす

く抱水力が強いのが特徴。作付けは、前年度収穫した茎を30㎝ぐらいに切って3～4月ごろに挿し木し、11～12月ごろに収穫。お粥やタピオカと甘藷を混ぜた餅などにします。

宇検村、大和村などでは、自家用として栽培されていましたが、でんぷんをとる手間が掛かるためか、多くの集落で栽培されなくなっているのが現状です。そんな折、宇検村名柄の藤原サチ子さんがタピオカのジマム（落花生）豆腐を作っておもてなししてくださり、感動しました。次の世代へ継承していきたいでんぷん作物です。

◆材料（4人分）

タピオカ…200g	A きな粉…90g
島ザラメ…100g	島ザラメ…30g
水…600cc	塩…ひとつまみ

◆作り方

①Aの材料を混ぜ合わせ、バットに広げておく。
②フライパン（テフロン加工）にタピオカ、島ザラメ、水を入れ、かき混ぜてから火をつけ、中火にして木ベラで混ぜ続ける。
③全体に粘りが出てきたら弱火にし、焦げないように注意しながら混ぜる。
④弾力が増して混ぜている手が重くなってくるが、根気強く透明感がでるまで練る。
⑤器に取り出し、きちんとラップを被せたら水をかけて冷やし、粗熱がとれたら①にまぶして平らに形を整え、食べやすい大きさに切り、全体にAをまぶす。

キャッサバの幹と根茎

キャッサバでんぷん

お菓子・餅

椎の実の蒸し菓子

イタジイの実の利用の歴史は古く、奄美大島では縄文時代の遺跡から炭化した椎の実が見つかっています。『南島雑話1』（84頁）には「椎之実の事」という項目が設けられ、秋に人々が椎の実を拾い集める様子が記され、当時の奄美大島における椎の実の重要性がわかります。『南島雑話1』（84頁）や『高崎くづれ大島遠島録』には、焼酎、味噌、蒸し菓子、型菓子、椎飯など、様々な椎の実の利用について記されていて、椎の実が単なる救荒食物ではなく、

人々の生活を支える貴重なエネルギー源になる食料であったことを教えてくれます。『高崎くづれ大島遠島録』嘉永3年5月19日に登場する「椎の蒸し菓子」は、椎の実ともち米を粉にして水を加え蒸したもので、作る時、水を多めにしないと硬くなってよくないとあります。『奄美生活誌』（63頁）には、大正の頃まで、旧暦の9～11月頃、主食の足しにする椎の実を拾いに出掛けたとあります。

椎の実のお菓子について大和村大和浜生まれの長田須磨さんは、椎の実の粉でお母さんが作ってくれた「椎フング」の記憶を『奄美女性誌』（106頁）に。また、龍郷町幾里でも「椎フン」がおいしかったというお話を伺いました。どれも、継承していきたい椎の実の食文化です。

◆材料（4人分）

椎の実…100g（正味＝殻を除く）
もち粉…100g
水…適量

◆作り方

①椎の実を洗って水に浸け、虫食いで浮くものは除く。
②沈んだ椎の実をゆでて乾燥させ殻を割る。
（石臼、すり鉢などを使う）
※すぐ使わない場合は、乾燥させ殻を割った中身を冷蔵庫で保存する。
③中身を取り出したら、ミルで粉にする。
④③の椎の実粉ともち粉に水を加えて耳たぶより軟らかめにこねて蒸す。
※容器に入れるか、クマタケランなどの「カシャ」に包んで蒸す。

椎の実

椎の実入り型菓子

お菓子・餅

椎フング

奄美大島の森には、亜熱帯性広葉樹林の椎の木やイジュなどが多く見られます。昭和の中ごろまで、椎の実は、食料として大切な役割を担っていました。

大和村生まれの長田須磨さんが『奄美女性誌』（１０６頁）に、風の吹く冬のまだ薄暗いころ、「椎の実拾いぞ」と声を張り上げ、村人たちは、群れをつくって深山あたりに椎の実を拾いに行ったこと。また、「実を細かく砕いて少しもち米の粉、黒砂糖と一緒にこね合せた椎フングは、

母が右手で握りしめた型のままのおやつ、それは忘れられないものになってしまった」と椎の実のお菓子の記憶を記しています。

『南島雑話1』（84〜86頁）には「椎之実之事」「山中椎実を拾ふ図」と椎の実に関する項目がみられ、味噌や焼酎なども作り、椎の実が人々の生活になくてはならない食べ物であったことがわかります。

龍郷町幾里で「椎フンを作って食べたよ」という話を聞くことができました。椎の実は、伝承していきたい宝の食材です。

◆材料（7個分）

椎の実…200g（正味）
黒砂糖粉…50g
もち粉…50g
お湯…90cc

◆作り方

①椎の実を水に浸ける。虫食いの椎の実は水に浮くので取り除く。
②水に沈んだ椎の実を洗って蒸し、乾燥させる。
③すり鉢に入れ、布巾を被せてすりこぎで砕き、皮を取り除く。（あれば臼で）
④取り出した実をミルにかけて粉にする。
⑤もち粉をボウルに入れ、沸騰したお湯をかけて練り、黒砂糖粉、椎の実粉を混ぜて練り合わせ、手で握ったままの形に仕上げる。
（硬さをみながら微調整してください）

お菓子・餅

牡丹餅

諸説ありますが、同じ食べ物を春は牡丹の花に見立てた「牡丹餅」、秋は萩の花に見立てた「御萩」と呼び、お供えをして、春には豊饒を、秋には収穫を、自然や神に祈りました。また、江戸時代に春と秋の彼岸に先祖の供養をする意味で食べるようになったといわれています。

『高崎くづれ大島遠島録』の嘉永3(1850)年7月27日の項に、「藤進より、牡丹餅二重呉申候」という記述が見られ、江戸後期の頃、小宿村で作られ、食べられていました。

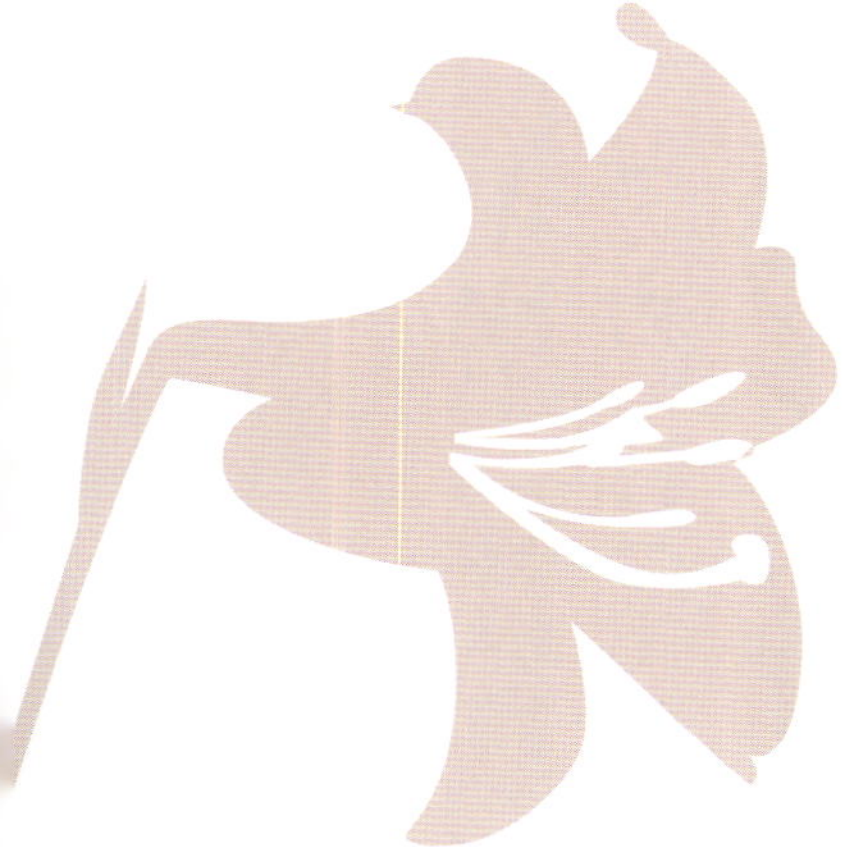

古くから小豆の赤は邪気を追い払うおまじないの効果があるとされ、小豆は『南島雑話1』（86頁）にカシキの記述と味噌を搗く時、この島は大豆があまり多くないので時々、代わりに小豆を入れて搗いたりする、とあります。

島の暮らしに密着した食べ物であったことがうかがえる小豆の牡丹餅、島の味として伝えていきましょう。

◆材料（25個分）

もち米…2カップ
うるち米…1カップ
小豆…500g
水…適量
島ザラメ…300g
黒砂糖粉…200g
塩…小さじ1/2

◆作り方

①鍋に洗った小豆と水を入れ火にかける。沸騰したら5分ぐらい中火で煮、小豆をザルにあげる。再び小豆がつかるぐらいの水を入れて小豆を煮る。途中、数回差し水をして煮続ける。

②小豆が軟らかくなり、水分があまり残っていない状態になったら弱火にする。

③水分がなくなり軟らかくなった小豆を混ぜながらつぶし、島ザラメ、黒砂糖粉を2、3回に分けて入れ、塩を加え、混ぜながらアンに仕上げ、25等分する。

④もち米とうるち米を混ぜて洗う。普通の炊飯水量より目盛0.5㎜分、水を少なく炊く。

⑤ご飯が炊けたらしゃもじで切るように混ぜておおまかにつぶし、25等分にする。

⑥ラップに③のアンをのせて広げ、その上に⑤をのせて絞るように包み、形を整え皿に盛る。

キャー（喜界島）ミカンピールのパウンドケーキ

大好きなパウンドケーキ。キャー（喜界島）ミカンで作ったピール（果皮の砂糖煮）を入れ、焼いてみました。

奄美群島には名前（方言名も）を覚えきれないほどたくさんの種類の島ミカンが栽培されています。先人たちは庭先に植えて、味や香りを楽しみました。お正月には、アスコ（ダイダイ）を床餅の上に飾り、風邪をひいた時には煎じて黒砂糖を入れて飲用しました。飽食の現代、小鳥たちのおやつや庭先に落下した島ミカ

ンを見かけます。なりものは、景観美としての価値もありますし、自然に落ちたものは時間をかけて腐葉土になるのもよいでしょう。

でも、もったいないので、果肉はもちろん、生食で味わったあとの果皮も、加工品や焼酎の香りづけ、料理のツマモノなどに利用してみませんか。果肉の味が好みでないミカンでも果皮なら大丈夫。ほんの少しの島ミカンの香り、ビタミンCなどの有効成分は美容と健康に役立つと思います。

◆材料（型２個分）

※キャーミカンピール（果皮の砂糖煮）…100g　島ザラメ…200g
小麦粉…200g　無塩バター…200g　卵…4 個（約 200g）
塩…小さじ $1/8$　レモン汁…大さじ 4　ラム酒…大さじ 4

◆作り方

①型にバター（分量外）を塗っておく。
②卵を卵白と卵黄に分ける。島ザラメを半量ずつに分けておく。
③やわらかくしたバターをボウルに入れ、塩を加えて混ぜ、泡だて器で島ザラメの半量を数回に分けて入れ、かき混ぜ空気を含ませる。
④卵黄を 1 個ずつ加えよく混ぜ、レモン汁、ラム酒を加えて混ぜる。
⑤別のボウルで、卵白をハンドミキサーで混ぜ、残りの半量の島ザラメを 3、4 回に分けて加え硬めのメレンゲに仕上げる。
⑥④に⑤のメレンゲ $1/3$ を混ぜ、粉半量をふるい入れ混ぜる。残りのメレンゲ $1/3$、粉半量（ふるい入れ）、メレンゲ $1/3$ と交互に入れ、底から混ぜる。キャーミカンピールを細かく刻んで混ぜる。
⑦型に入れ、ヘラで中心にくぼみをつけ 170℃で約 40 分焼く。

◆キャーミカンピールの作り方

（材料）キャーミカン果皮 200g、島ザラメ 200g、赤ワイン大さじ 2
①キャーミカンを洗い、果皮をキッチンバサミで千切りにする。水から鍋に入れ、沸騰して 10 分ぐらい煮たらゆでこぼし、それをもう 1 回繰り返しザルにあげる。（果肉は生食やマーマレードなどに利用してください）
②フライパンに①と島ザラメ、赤ワインを入れ、中火で煮る。沸騰したら弱火にし、かき混ぜながら水分がなくなるまで煮詰める。

コラム５

奄美大島のもち菓子

奄美大島では、黒糖を使ったもち菓子が多く伝承されています。年中行事や祭りの供え物、普段の日にもバラエティーに富んだもち菓子が作られてきました。その中から、主なもち菓子と作り方の概要をご紹介します。

ジョウヒ餅

もち米を一晩水に浸けて粉にし、黒糖、水飴を加えて練り長時間煮詰めて作る餅。もち菓子の中で最上とされ、冠婚葬祭などに作られた。

カシャムチ

もち粉、水、煮た甘藷を加えて練った餅をカシャで包み蒸した餅。（種オロシなどに作られる）

フチィムチ、フティムチ（ヨモギ餅）

ゆでてすりつぶしたヨモギともち粉、黒糖を練り、カシャで包み蒸した餅。フチダグ（ヨモギ団子、カシャなし）と呼ぶこともある。

アクマキ

アクに一晩漬けておいたもち米を、竹の皮（さらしの布袋）に包んでヒモで括り、水で薄めたアクで長時間煮た餅。旧暦５月５日。

クジリャ餅

〈黒糖＋もち粉〉の餅と〈もち粉＋甘藷〉の餅を合わせる、ひねる、ロール状にするなどしてカシャに包んだ餅（甘藷なしでも作る）。

旧暦５月５日。

サンキラ餅

ゆがいてすりつぶしたヨモギと、もち粉、煮た甘藷、黒糖を練り、サンキライの葉で包んだ餅。

つきがん

水につけたもち米を蒸して搗き餅にし、さらに黒糖を加えて搗いてのべ、餅にして切る。

煎り粉餅

もち米の煎り粉、黒糖を混ぜ、熱湯を加えて混ぜ合わせながら練り、麺棒でのばして切り込みを入れ、お祝い用や法事用に形作る。

シンコダグ（団子）

新粉（うるち米の米粉）を水でこねて丸めてゆで、串にさして島ザラメとしょうゆのタレにつけて焼いた団子。

黒糖のカン

もち粉と黒糖、甘藷を混ぜ、カン箱に入れて蒸す。旧暦5月5日。

タピオカ餅

タピオカのでんぷん、島ザラメ、水を混ぜて火にかけ、透明の餅状になるまで練り、きな粉＋島ザラメをまぶした餅。

アロールート（アルロート）餅

アロールート（カタクリとも呼んだ）のでんぷんを水で混ぜ、ふかしたサツマイモを加えて蒸すかゆでた餅。

蘇鉄のカン菓子

ソテツの幹のでんぷん、黒糖を混ぜ臼でついて練り、型で蒸した餅。

ナリムチ

蘇鉄の実のでんぷんを、煮た甘藷と練り合わせて蒸すかゆでる。

椎の実餅

蒸したもち米に椎の実の粉、黒砂糖を混ぜた餅。

椎の蒸し菓子

もち粉に椎の実の粉を加え、カシャに包んで蒸す。

ヒキャゲ

甘藷（煮る、または、蒸す）と餅（鏡餅、ナリムチの餅など）で練って作る。「ナリムチ」を下ろして、1月18日に作られる。

もち米天ぷら

もち粉、小麦粉、人参千切り、卵、砂糖を混ぜ、フライパンで焼き、好みの大きさに切って食べる。主に笠利方面で作られていた。

もち天ぷら

もち粉、水、煮た甘藷を混ぜて成形、揚げる。（砂糖・塩は適宜）

【フツィムチ（ヨモギ餅）の作り方】

①こねる

②包む

③紐で括る

④蒸す

⑤できあがり

〈クマタケランの葉で包む〉

揚げ餅

餅を薄切りにして干し、油で揚げて塩をふる。

マンムチ

田芋、または、里芋に黒糖を混ぜて丸め、きな粉をつける。

舟やき餅

もち粉、黒糖、小麦粉、卵などを混ぜてフライパンに流し入れ、ロール状に巻いて斜めに舟型に切る。ハマオレ、5月5日に。

イングメ

はったい粉（大麦の煎粉）と黒砂糖粉を混ぜたもの。シダラギ（ヤブニッケイ）の葉など硬い葉を匙にして食べる。

麦のシキ

はったい粉、黒糖、煮た甘藷に熱湯を加え練った餅。

麦のコウシン

はったい粉と黒糖を混ぜたものに熱湯を加え、練り合わせたもの。

はったい粉餅

沸騰したお湯にはったい粉、黒糖、もち粉を加え練り、成形。

もち米のコウシン

もち米の煎り粉と黒砂糖を混ぜて熱湯を加えて練り混ぜたもの、またはもち米の生粉と黒砂糖を鍋で練りながら炊いたもの。

アブラ餅

もち粉を水でこねて成形し、油で揚げ（ゆでてから揚げる例も）、島ザラメ、しょうゆでからめる。（宇検村）

おとしいれ

もち粉、ゆで小豆で作った団子を小豆のゆで汁で煮、水溶きのもち粉、黒糖を加えてこげ付かないよう混ぜたもの。黒糖を煮た汁に団子を落とし入れる家庭もある。

シェンダグ（蘇鉄の羊羹）

黒糖を水に溶かして鍋で沸かし、その中に水で溶かした蘇鉄のでんぷんを入れてかき混ぜながらとろ火で煮詰める。

シェンムチ

蘇鉄幹のでんぷんに黒糖を混ぜ、臼で搗いて練り合わせて蒸す。

フキャゲ

皮をむき煮た里芋と甘藷に黒糖を加え臼に入れ縦杵で搗き混ぜたもの。（薩川）

トーギム（ナミモロコシ）ムチ

でんぷんを水で練って蒸し、シェンムチ（でんぷん餅）にするか、月桃の葉で包んでカシャムチにする。トノキン団子（笠利町佐仁）、トーギミモチ（宇検村生勝）ともいう。

カネィムチ

旧暦10月の庚申の日にもち粉を甘諸、水で練り、月桃の葉で包み蒸すか煮る。

▼カシャ（餅を包む植物の葉の呼び名、クマタケラン、月桃の葉、地域によりアオノクマタケランの葉も使用）、ムチガシャ（クマタケランの葉）、ムチザネン（月桃の葉）、サンキラ（サンキライの葉）

▼一般的には、もち米を蒸し、搗いて成形したものを「もち」と呼ぶが、うるち米、もち米などの米穀粉を用いたもの、根茎類やソテツなどのでんぷんでもち状に作るもの、イモ類などを調理法により粘っこくしたものも、広く「もち」と呼ばれる。

▼材料の水は表記していない。

▼地域や家庭により材料や作り方などに多少の違いがみられる。

＊『もっとわかる奄美大島』収録の「奄美大島の食文化」に加筆。

【アクマキの作り方】

①サラシ布で袋を縫う

②布で包んだ灰を入れ、湯をかける

③アクをとり、もち米を1晩浸ける

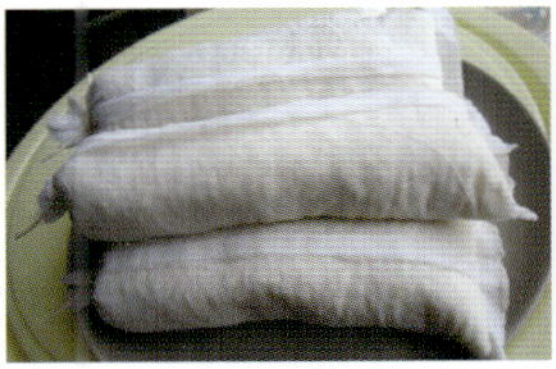
④もち米を袋に入れる

⑤アクで煮る

⑥タコ糸で切る

調味料

モンジョ（和え物）のタレ

手作りのタレは、原材料がわかるので安心して食べられます。雑魚、かつお節ほかの材料は、カルシウム、ビタミンなどの栄養価も期待できます。干したキビナゴはジャコの呼び名から、雑魚とも呼ばれます。

島の食材（パパイア、島瓜、ほうれん草、ハンダマ、クヮリ、海藻など）を使った和え物はいかがですか。食材から水分が出るので、和え物は食べる直前にタレで和えるのがコツ。

笠利では、諺にも「モンジョと嫁は、とり立てがおいしい」といわれ

ているそうで、出来たて、和えたてをおいしく召し上がっていただきたいと思います。また、ゆでて薄くスライスした塩豚や貝などにもタレを添えてどうぞ。冷蔵庫で保存（期間は一週間程度）、常備しておくと大変便利で、献立にもう一品欲しい時や不意のお客様がいらした時などにも活躍する優れものです。

◆材料（4人分）

雑魚…40g
かつお削り節…20g（大熊産）
ピーナツ粉…40g
炒りごま…40g（喜界島産）白、黒まぜても可
島ザラメ…100g
しょうゆ…100cc
酢…100cc
みりん…100cc
酒…100cc

◆作り方

①雑魚の頭と内臓の部分を取り除く。
②計量したすべての材料をミキサーに入れ、なめらかで口当たりがよくなるまで充分に撹拌する。
③ペットボトルなどの容器に入れ、冷蔵庫で保存。

本書レシピに使用した、ほとんどが島の材料を使った調味料

米味噌

昭和の中頃まで、旧暦10、11月と3、4月ごろの年2回、味噌を搗きましたが、今ではそんな光景もあまり見かけなくなりました。富裕層の家には、年数がたって褐色になり味もよい「ブギンシャ味噌」と呼ばれる味噌があったそうです。

味噌は、高温多湿な気候と食文化が生み出した調味料で、大豆、塩、米ほかの麹を原料として、麹菌などの微生物の出す様々な酵素が働き大豆のタンパク質を分解、うま味を感じるアミノ酸に変わっていきます。

『南島雑話1』（86頁）に大和味噌は、この島は大豆があまり多くないので、米三升を麹にし、大豆を一升にして搗くとの記述があり、*垂糟《たれかす》味噌、*糠《ぬか》味噌、蟹（ガン）味噌、蘇鉄味噌、椎味噌、百合味噌、テヘチ味噌、しょうゆ糟味噌も紹介されています。

今回はボリビア出身で朝仁在住、日高正代さんの味噌作りを参考に、前年12月に仕込んだものです。発酵途中で天地返しをして、熟成段階や色、香ばしさも楽しんでください。

*垂糟味噌——焼酎の垂糟を麹にたして塩をいれたもの

*糟味噌——焼酎の垂糟の麹に、蒸した糠を入れて搗いたもの

◆材料（出来上がり約3kg）

うるち米…5合（750g、炊飯後は約2.5倍に）

種麹小さじ1/2（販売者・糀屋三左衛門 Tel：0532－31－9204）

生大豆…500g（煮ると約1,100gに）　塩…180g

◆作り方

①うるち米を洗って一晩水につける。

②①をザルにあげ、炊飯器に入れ1カップの水で炊く。（蒸す場合は手でつぶしねばりがでるくらい）

③炊き上がったご飯を広げて約40℃に冷まし、種麹を全体にふり混ぜる。

④③をさらし布で包んで上から揉み、固めて熱を閉じ込めたら、新聞紙、ミニ毛布で包む。2日目朝、発酵熱で温度が約34℃に上がり、米が白っぽくなったら木ベラで山を崩す。その後はしっかり温度管理（35～36℃）をする。3日目朝、全体にきれいな白カビが広がり米が固くなったら米麹の出来上がり。

⑤④の米麹を大鉢に移して塩を混ぜ、一粒一粒ばらばらになるようにほぐす。

⑥洗った大豆を一晩水に浸して水を替え、大豆の3倍くらいの水を入れて手でつぶれるぐらい軟らかく炊く。（圧力鍋で煮ると早くできる）

⑦大豆が熱いうちにすり鉢でつぶす。（つぶれ方が均一でない方がおいしい）

⑧つぶれた大豆が人肌ぐらいに冷めたら⑤の塩切りをした米麹を加え、均一になるように混ぜ合わせ、ボール状に中の空気を抜きながら丸める。

⑨焼酎で拭いた容器の底に⑧を力強く投げ、空気を抜くよう詰めていく。

⑩ビニールを被せふたをして密閉し、容器ごとビニール袋で包み冷暗所に保存する。（2カ月に一度は天地返しを、5～8カ月ごろが食べごろです）

調味料

ナリ味噌

ソテツは、古くから島の人々の生活を支え、食文化のシンボルでした。『南島雑話』（87頁）に蘇鉄味噌の記録が見られます。「蘇鉄味噌　右は蘇鉄を麹にして大豆を入れて搗。色赤く、別て綺麗に味もよく、最上の味噌なりと云」とあるように、蘇鉄を麹にして味噌を作っていたことがわかります。味噌は、島の食生活に欠かせない調味料やタンパク源であり、味噌汁用味噌のほか、豚味噌、魚味噌、貝味噌、ニガウリ味噌、イカ味噌、タコ味噌、ジマメ味噌など、

◆材料（出来上がり約 3.2kg）

玄米５分づき…５合（750ｇ）
ナリの粒…250 ｇ　種麹…小さじ ½
生大豆…500 ｇ　塩…200 ｇ

食事時のおかず味噌や間食時の茶請け味噌として親しまれています。時代とともに台所用具などが変化し、臼や杵などで味噌を搗く光景もほとんど見られなくなりました。「味噌を搗く」という表現は難しいかもしれませんが、少量の「味噌を作る」ことは意外とできるものです。友だち同士やご近所の皆さんで作ってみてはどうでしょう。

◆作り方

①ソテツのナリ（種子）を２つに割り、1､2 日､天日で乾燥させ､中身を取り出す。
②種子の中身（でんぷんが貯蔵されている胚乳）をアク抜きのためたっぷりの水にさらし、洗っては水を取り替える。（約２週間続ける）
③ザルにあげて水を切り、天日干しにして乾燥させ、米粒大に砕く。
④玄米を洗って一晩水に浸ける。（水を数回、取り替える）
⑤④の玄米をザルに移し水を切る。
⑥蒸し器に布を敷き、⑤の玄米と③のナリの粒を入れ、手でつぶして玄米が粘りがでるくらいに蒸す。
⑦蒸しあがった⑥の玄米とナリの粒を混ぜて広げ、約 40℃に冷まし、種麹を全体によく混ぜ合わせる。
⑧⑦をさらし布で包んで上から揉んで、新聞紙、ミニ毛布で包み麹をたてる。２日目朝、発酵熱で温度が約 34℃に上がり、米が白っぽくなったら木ベラで山を崩し切り返す。その後は、温度管理（35 ～ 36℃）をする。３日目朝、全体にきれいな白カビが広がり、玄米が硬くなったら玄米とナリ麹のできあがり。
⑨⑧の麹を大鉢に移して塩を混ぜ、一粒一粒がばらばらになるようにほぐす。
⑩洗った大豆を一晩水に浸して水を替え、大豆量の約３倍の水を入れて手でつぶれるぐらい軟らかく煮る。
⑪大豆が熱いうちにすり鉢でつぶす。（あまり細かくない方がおいしい）
⑫つぶれた大豆が人肌ぐらいに冷めたら⑨の塩切りをした麹を加え、均一になるように混ぜ合わせ、ボール状に中の空気を抜きながら丸める（味噌玉）。
⑬焼酎で拭いた容器の底に⑫を力強く投げ、空気を抜くよう次々に詰めていく。
⑭ビニールを被せふたをして密閉し、容器ごとビニール袋で包み冷暗所に保存。（２カ月に一度は天地返しを。５～８カ月ごろが食べ頃です）

調味料

アブラたれ（ラード、脂カス）

かつて、奄美群島では年の暮れになると、各家庭で大切に育てていた豚をウヮークッチ（豚の屠殺）し、ウヮンホネヤセ（豚骨野菜）や正月のご馳走を作りました。その他、塩豚やアブラたれを作って保存し、田植えの時期までの貴重なタンパク源にしました。名瀬のわが家も、私が高校生の頃まで台所にアブラ壺が置いてあり、ふたを開けると中に乳白色に固まったラードが入っていました。

以前は、どの家庭にもあったアブ

ラたれですが、動物性脂肪が健康によくないといわれた時期に、植物性油脂に取って代わられ、台所からラードや脂カスが消え、自家製ラードを保存する家庭はほとんど見られなくなりました。料理にもあまり使われなくなった昨今ですが、動物性脂肪の摂取を適量に、野菜と一緒に炒め物、汁物などを作る際に少しラードを使うと、コクが出て香ばしさが料理の味を引き立たせます。

◆材料（4 人分）

豚皮付き三枚肉（または、脂身）の塊…500g
塩（脂カスのふり塩）…少々

◆作り方

①豚皮つき三枚肉（または、脂身）を角切りにする。
②鍋またはフライパンを熱して炒める。
③炒めていると脂が溶け出し、身が小さくなってくる。
④身がきつね色になったら、身（脂カス）を取り出す。
⑤熱いうちに容器（壺など陶器）に入れると冷めたら固まる（ラード）。
⑥④の脂カスは出来たての熱いうちに塩をふって食べると香ばしい。また、炒め物、煮物などに利用する。

あとがき

奄美群島では、現在も自然に寄り添い、畏敬の念をもち、恵みをいただく暮らしが営まれています。シマ（集落）のアタリ（屋敷内自家菜園）と畑にみられる栽培野菜や、野山、川、海で採集される自然食材で作られるシマ料理や発酵食などは、健康的で、何にも勝る食の宝です。だから、市町村遺産の分類基準に、構成要素の例として食材・料理が挙げられたのでしょう。

食べ物は、自然の恵みを受けて育ち、地域の風土や栽培方法などの違いで、その地域の特性を持っています。そこにしかない産物、自然の恵みを食べる地産地消が私たちの健康と命を育む理想です。一方、市場には輸入食品があふれ、地域の食文化が消えつつあるのが現状です。

以前から、古い文献などで紹介されているシマ料理が家庭や地域の行事食などにみられなくなってきていることに気が付き、なんとかして残していきたいと思っていました。そんな折、奄美新聞に「今に生きる島の料理」というタイトルで連載をはじめる機会をいただきました。幸い、実家の旅館で母から習った料理をはじめ、文献から再現した料理、シマジマのフィールドワークで教えていただいた料理なども作ることができました。レシピは、自分が作りやすいように分量と手順を考えて作成、コラムも付けました。

２００８年８月の掲載開始当初は、読者の皆さま方にこちらの思いをうまく伝えられているのかな、という気持ちもありましたが、若い方や男性の方からも「作ってみました」と声をかけていただくようになり、そういった声に励まされて連載を続けることができました。本当にありがたいことです。

今ふり返りますと、食材の調達なども含めて、すべての料理にそれぞれの思い出があります。奄美の料理は、島や集落、家庭により個性的であり、繰り返された行政統治の中で大和、琉球の食文化が混ざって重層的といえます。時間をかけて取り組んだつもりですが、まだまだ本書に反映しきれていないものと思います。奄美の料理本には、古典的名著、藤井つゆさんの『シマ ヌ ジュウリ』がありますので、合わせて参考にしていただければと思います。

本書を編むにあたり、南方新社の向原祥隆社長には出版の機会を与えていただき感謝申し上げます。編集の梅北優香さん、ありがとうございました。また、奄美新聞社さんには大変お世話になりました。その他、たくさんの皆さまに応援していただきました。心から感謝申し上げます。そして、ひたすらマイペースな私をいつも見守ってくれている家族のみんなもありがとう。

自然との暮らしの中で育まれてきた、豊かで多様な奄美の食文化に対する関心が深まり、持続可能な自然食材の利用と奄美の料理が継承されていくことを願ってやみません。

２０１５年５月吉日　泉　和子

【な】

【は】

【ま】

【や】

レシピ索引

参考文献

新星図書編集部編『ふるさとの伝承料理』新星図書出版、1978 年
名越左源太『南島雑話　1・2』平凡社、1984 年
永井亀彦編『高崎くづれ　大島遠島録』「名越左源太翁ヨ記」西南文化研究会、1949 年
（『南西諸島史料集　第二巻』南方新社、2008 年に収録）
名瀬市誌編纂委員会編『名瀬市誌　上巻』名瀬市役所、1983 年
藤井つゆ『新版シマ ヌ ジュウリ』南方新社、1999 年
恵原義盛『奄美生活誌』木耳社、1973 年
登山修『奄美民俗雑話』春苑堂書店、2000 年
平敷令治・恵原義盛『沖縄・奄美の衣と食』明玄書房、1974 年
山下文武『奄美の歴史さまざま』財団法人奄美文化財団、1994 年
文潮光『奄美大島民謡大観』文秀人、1983 年
日本の食生活全集鹿児島編集委員会『聞き書き鹿児島の料理』農山漁村文化協会、1989 年
龍郷町誌民俗編編さん委員会『龍郷町誌　民俗編』龍郷町教育委員会、1988 年
松下志朗編『南西諸島史料集　第二巻』南方新社、2008 年
沖縄タイムス社編『沖縄大百科事典　中巻』編者発行、1983 年
南さつま市坊津歴史資料センター輝津館編『黒潮の食文化—南薩摩　“黒潮の恵みと海を渡った食・器”』編者発行、2007 年
和泊町誌編集委員会編『和泊町誌　民俗編』和泊町教育委員会、1984 年
西大八重子『沖縄野菜の本』株式会社ビブロス、2002 年
ＮＰＯ法人食の風『沖縄食材図鑑』楽園計画、2012 年
大和村誌編纂委員会『大和村誌』大和村、2010 年
南日本新聞社『家伝直伝』南日本新聞開発センター、2004 年
実教出版第二編修部『カラーグラフ五訂食品成分表』実教出版
伊藤富士男『別冊現代農業 7 月号続・発酵食の知恵』農山漁村文化協会、2012 年
今村規子『名越左源太の見た 幕末奄美の食と菓子』南方新社、2010 年
大富 潤『魚食ファイル　旬を味わう』南方新社、2013 年
大富 潤『九州発　食べる地魚図鑑』南方新社、2011 年
藤山萬太『私本　奄美の釣魚』奄美共同印刷、2004 年
鹿児島県史料刊行会『鹿児島県史史料集 (26) 桂久武日記』1986 年
田畑満大『南島雑話の中の植物』鹿児島大学鹿児島環境学研究会、2014 年
長田須磨『奄美女性誌』農山漁村文化協会、1978 年

本書に掲載の料理は、2008 年 8 月から 2015 年 7 月まで「奄美新聞」に掲載したものに一部、加筆・修正しました。レシピの一部は、『わたしたちの奄美大島 2012』『もっとわかる奄美大島 2014』（奄美市発行）、奄美遺産活用実行委員会発行カレンダー、同委員会電子資料室「電子ミュージアム奄美」に掲載。一部、加筆・修正、写真は撮り直しました。

◆著者プロフィール

泉　和子（いずみ かずこ）

鹿児島県奄美市（旧名瀬市）生まれ。鹿児島県立大島実業高校家政科卒。実家の旅館「浜の屋」を手伝い、料理を習う。奄美民俗談話会で、民俗学者、山下欣一氏に教示を仰ぐ。

共著『龍郷町誌民俗編』『大和村の昔話』など。

奄美の情熱情報紙『ホライゾン』に、創刊号より食や昔話などに関するエッセーやルポを執筆。

2008年より奄美新聞に料理レシピを連載。

奄美郷土研究会会員。奄美市文化財保護審議会委員。森下フードコンサルタント。調理師。

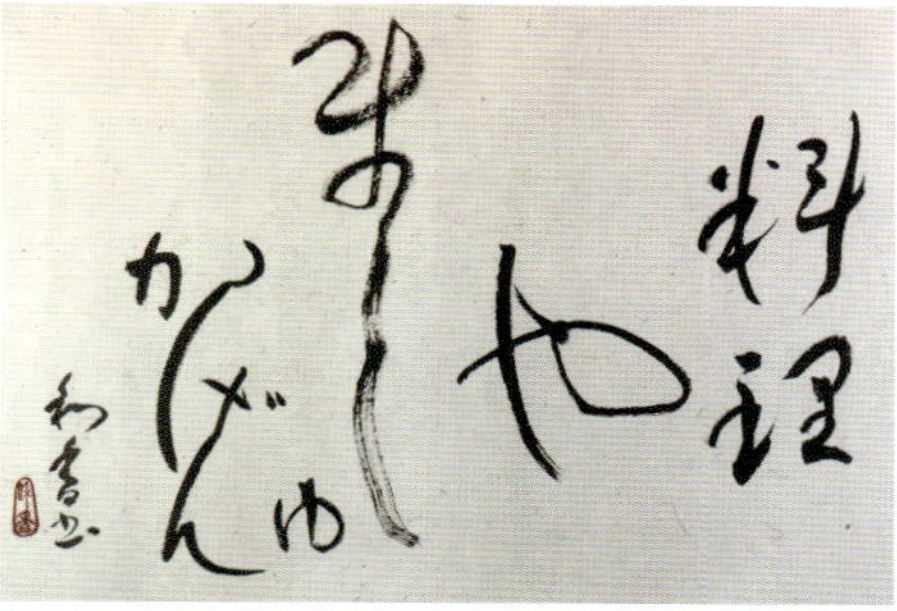

「料理やましゅかげん」
〈おいしい料理は塩加減が大切。何事も心を込めてしましょう〉という意味の島の諺

心を伝える 奄美の伝統料理
二〇一五年十二月二十日　第一刷発行
二〇一七年五月五日　第二刷発行
著者　泉 和子
デザイン　オーガニックデザイン
発行者　向原祥隆
発行所　株式会社 南方新社
〒八九二―〇八七三
鹿児島市下田町二九二―一
電話〇九九―二四八―五四五五
振替口座〇二〇七〇―三―二七九二九
URL http://www.nanpou.com/
e-mail info@nanpou.com
印刷・製本　朝日印刷株式会社
定価はカバーに表示しています
落丁・乱丁はお取り替えします
ISBN978-4-86124-328-8 C2077

奄美、もっと知りたい

◎神谷裕司
定価（本体 1,800 円＋税）

クロウサギと珊瑚礁の海だけが奄美ではない。大和と沖縄の狭間で揺れてきた歴史をはじめ、民俗、文化、風俗、自然、宗教等、独自の深さと広さをもつ。ガイドブックが書かない奄美の今を、朝日新聞記者が浮き彫りに。

奄美、沖縄　本の旅

◎神谷裕司
定価（本体 1,600 円＋税）

南島本、とっておきの 70 冊。歴史、民俗から政治、社会状況、グルメ、遊びまで、数多い南島本の中から名著を厳選し、エッセンスを紹介する。本が好き、奄美、沖縄が好きな人にはこたえられない、南島学入門の道標。

名越左源太の見た
幕末奄美の食と菓子

◎今村規子
定価（本体 1,800 円＋税）

奄美史のバイブル『南島雑話』で知られる薩摩藩士・名越左源太。左源太が奄美遠島中に記した食に関する記述は多岐にわたる。本書はこれを詳細に分析し、江戸期の奄美の豊かな暮らしを、ここに甦らせる。

奄美まるごと小百科

◎蔵満逸司
定価（本体 1,800 円＋税）

心動かされる奄美世界の全て。元ちとせを生んだ奄美の唄と祭りの世界。伊勢エビ汁、山羊汁、アバス汁などの海・山の幸。マリンリゾートとは一味違う素潜り漁、夜の「イザリ」。はたまた、誰も知らないお土産まで。

奄美食（うまいもの）紀行

◎蔵満逸司
定価（本体 1,800 円＋税）

磯の香りと土の香り。海の恵み、山の恵み、暮らしを律する季節の料理、母から娘へと受け継がれてきた島の心。奄美に赴任した小学校教師が、大きくて深いシマジュウリ（島料理）の世界を味わいつくす。

奄美もの知りクイズ
350問

◎蔵満逸司
定価（本体 1,500 円＋税）

これであなたも奄美博士‼　島唄、シマの料理、名所・旧跡から、知っておきたい奄美の歴史、マングローブ、アマミノクロウサギといった自然まで。クイズで楽しみながら、どんどん広がる奄美ワールド。

琉球弧・野山の花
from AMAMI

◎片野田逸朗著 大野照好監修
定価（本体 2,900 円＋税）

東洋のガラパゴスと呼ばれる奄美。亜熱帯気候の奄美は植物も本土とは大きく異なっている。生き物が好き、島が好きな人にとっては宝物のようなカラー植物図鑑。555 種類の写真の一枚一枚が、奄美の懐かしい風景へと誘う。

奄美の絶滅危惧植物

◎山下　弘
定価（本体 1,905 円＋税）

世界自然遺産候補の島、奄美の絶滅危惧植物 150 種を一挙にカラー写真で紹介。世界中で奄美の山中に数株しか発見されていないアマミアワゴケ他、貴重で希少な植物たちが見せる、はかなくも可憐な姿。

奄美方言入門

◎浜田敬助編著
定価（本体 1,000 円＋税）

琉球方言の中でも特異な地位を占める奄美方言。専門的な事典、研究書は数多くあるが、入門書的なものはなかった。本書は、基本的な名詞、動詞、形容詞、挨拶言葉などを各市町村別に方言に置き換えた待望の入門書。

奄美方言

◎岡村隆博
定価（本体 2,600 円＋税）

奄美方言研究の第一人者、渾身の労作。奄美方言の概要、特徴、特色ある発音のカナでの表記方法から、地名、民話、民謡、日本古語との関連など多岐にわたる内容は、方言研究の基本図書となろう。ＣＤ付き。

奄美民謡島唄集

◎片倉輝男
定価(本体 2,800 円＋税)

奄美のシマジマの間で歌い継がれてきた島唄。耳で聴き､見よう見まねで学ばれてきた。本書は、奄美の島唄の歌詞と三味線譜を採録。奄美民謡島唄を全国の音楽ファンに解き放つ初めての本である。

奄美民謡総覧

◎指宿良彦監修、セントラル楽器奄美民謡企画部編著
定価(本体 7,800 円＋税)

半世紀以上にわたり、奄美のシマジマの唄者を唯一録音してきたセントラル楽器。奄美民謡総覧、曲目事典、奄美新作民謡歌詞集。貴重な音源をもとに、シマ唄を初めて一冊に集大成する。奄美シマ唄ファン待望の書、ついに刊行。

奄美・トカラの伝統文化

◎下野敏見
定価（本体 4,800 円＋税）

一見すると日本本土とは大きく様相を異にする奄美・トカラの民俗。著者は東南アジア、琉球、日本と比較しつつ、そこに日本の基層文化、すなわち原文化を見出す。副題は「祭りとノロ、生活」。

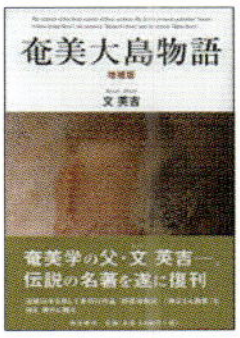

奄美大島物語　増補版

◎文　英吉
定価（本体 3,600 円＋税）

『奄美民謡大観』の大業を成し遂げた著者。一般向けに、それまでに蒐集した島唄、昔話、伝説を盛り込んだ『奄美大島物語』を刊行し、圧倒的な支持を集めた。伝説の名著を未刊行作品を加え復刊。

復刻　奄美生活誌

◎恵原義盛
定価（本体 5,800 円＋税）

明治末期に生まれた奄美民俗研究家・恵原義盛。本書は、消え去りゆく奄美の古俗を後世に伝えるべく、大正・昭和にかけて、著者自ら古老を訪ね、衣食住から芸能、祭礼にいたるまで幅広く記録にとどめた名著を復刻したもの。

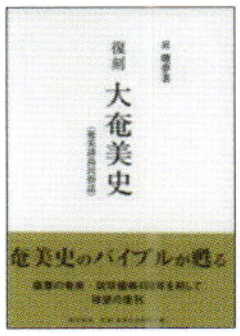

復刻　大奄美史

◎昇 曙夢
定価（本体 9,200 円＋税）

初の奄美の通史として本書が刊行されたのは 1949 年（昭和 24 年）のこと。著者は、薩摩・琉球はもとより、日本・中国・朝鮮の古典を渉猟し、島に残る豊富な民俗文化を蒐集、探求し本書を世に出した。奄美史のバイブルが甦る。

ご注文は、お近くの書店か直接南方新社まで（送料無料）
書店にご注文の際は必ず「地方小出版流通センター扱い」とご指定下さい。